部活で差がつく！

野球ピッチング

基本のテクニック

新版

正村 公弘監修

メイツ出版

はじめに

毎年、ドラフト会議では、上位に指名される選手の多くがピッチャーで占められている。たった1つのポジションでも、いかにピッチャーが重要な役割であるかがわかるだろう。

プロ野球で活躍し、実績を残したピッチャーは、メジャーリーグでの成功例も多い。野茂英雄をはじめ、ダルビッシュ有や田中将大、前田健太、上原浩治など先発・リリーフどちらにも優れた選手を数多く輩出している。

彼ら成功しているピッチャーに共通していえるのは、ほとんどの選手がプロ入りから二年を待たずに活躍しているということ。入団から間を置かずに戦力として結果を出せたのは、アマチュア時代に自分の武器を身に

つけられているからだ。つまり、プロの舞台で活躍するピッチャーになるためには、アマチュアでいかに高いレベルへと到達するかがカギとなるのだ。

そのヒントとして、八戸学院大学があげられる。同大学野球部は東北の強豪チームだが、決して甲子園に出場した好素材の選手が集まるチームではない。しかし、現在までに10人以上ものプロ野球選手を輩出しているのは、その育成方法にコツがあるからだ。

本書では八戸学院大学で長年、ピッチャーの育成に携わった正村監督のピッチング上達理論を展開。アマチュア選手がプロ野球選手になるまでのノウハウの一部を伝授する。

この本の使い方

この本では、ピッチャーとしてレベルアップするためのコツを、2ページにひとつのFILEとして紹介しています。理想的なピッチングフォームをマスターする基本から多種多様な変化球、試合でバッターをアウトにするための投球術まで、エースへと成長するために必要な知識・技術を網羅しています。巻頭には、プロ野球で活躍する選手のインタビューも掲載しています。レベルアップのヒントにしてみましょう。

最初から読み進めていくことが理想ですが、マスターしたい技術や取り組みたいテーマがあれば、そのファイルだけをピックアップすることも可能です。各ページには、紹介している知識・技術を身につけるためのポイントをTECHとして3つ挙げています。解説文と合わせてチェックし、みなさんの理解を深める助けにしてください。

TECHNIQUE POINT

スムーズに身につけるためのポイントを3つ紹介。各ポイントをチェックしながら練習に取り組もう。

タイトル

このページで身につけるテクニックや知識が、一目でわかるようになっている。

PART 2

エースの資質

エースピッチャーを目指す

TECHNIQUE POINT!

1 コントロールとスピードがなければエースはつとまらない

2 長いイニングを投げるには、体力と正しいフォームが必要

3 速いボールとキレある変化球を武器に相手を抑える

心技体に優れたピッチャーがエースの条件

野球は1チーム9人で行うスポーツだが、勝敗のカギを握るのがピッチャーといっても過言ではない。とりわけ〝エース〟といわれる主戦ピッチャーは、守備においての大黒柱であり、その力量やコンディションがチームの浮沈に影響する。

アマチュア野球でも、ピッチャーの分業制が進められてはいるが、エース番号はチームにただひとりであり、ピッチャーになる以上はエースを目指したい。

そのためには、試合を通じてしっかりストライクが入る、基本的な投球術はもちろん、相手チームに余計な失点を与えないゲームマネージメント、競った試合では味方の援護をもらうまで我慢できる精神力など心技体において、まさに高いレベルが求め

FILE 02

24

解説文

このページで紹介しているFILEと、関連する知識を解説する。じっくり読んで理解を深めよう。

TECH
タイトルとTECHNIQUE POINT! に連動して、習得するためのコツを写真を使って分かりやすく解説する。

TECH 1

コントロールとスピードがなければエースはつとまらない

先発完投型のピッチャーがエースの理想。ゲームの入りから終わりまでしっかり投げ切る体力とピッチング能力が求められる。そのためには、四死球でゲームを壊さない制球力や勝負所でバッターを打ち取ることができる強いボール（球速）が必要になる。

TECH 2

長いイニングを投げるには体力と正しいフォームが必要

ピッチャーが先発完投する場合、球数にすると100から130球をたったひとりで投げることになる。これだけの長いイニングを投げ切るには、体力はもちろん、安定したフォームでボールを投げる能力が必要になる。つまり正しいフォームのマスターは必要不可欠な要素。

TECH 3

速いボールとキレある変化球を武器に相手を抑える

ピンチで頼りになるのは、持っているボールの強さ（スピード）とそれを生かす変化球（決め球）につきる。この二つの柱があってこそバッターは、迷ったり、ボールに差し込まれたりする。スピードやキレが増していけば、空振りをとることも可能になり、得点を許さない絶対的なエースに成長することができる。

+1《プラスワン》 テクニック

練習量と強いメンタルが勝敗をわける

ピッチャーの投球にはメンタルも影響している。メンタルが悪く作用すれば、フォームが乱れストライクが入らなくなるケースもある。絶対絶命のピンチで、自分が狙ったところに決め球を投げられるかどうかは、日頃の練習の成果とメンタルの強さにかかっている。

25

+1テクニック
紹介しているテクニックに関するより詳しい知識や、練習方法をアドバイスする。

目次

※本書は２０１４年発行の『部活で差がつく！野球ピッチング　基本のテクニック』を「新版」として発売するにあたり、内容を確認し一部必要な修正を行ったものです。

T.ITOH
18

PART 1 プロ野球選手になる秘訣

なぜ八戸学院大から プロが輩出されるのか

八戸学院大学は、北東北大学野球連盟に所属する硬式野球部。創部は１９８１年、１９９３年に１部に昇格し、２００１年春季リーグ戦で初優勝。以降は常に優勝を争う強豪チームとして、大学野球界でも広く知られるところだ。

特筆すべきは、同野球部から輩出されたプロ野球選手の数だ。彼らはドラフト上位で指名され、その多くが高校時代は甲子園経験のないピッチャーたちだった。どのようにして彼らは成長し、プロ野球選手になったのだろうか。

東北楽天ゴールデンイーグルスでプレーした青山浩二投手は、先発、セットアッパー、クローザーなど、さまざまな役割でチームに貢献する実力派の右腕。その基礎はアマチュア時代に培われた。（詳しいプロフィールはP22参照）

八戸学院大学卒業生プロ野球選手（2021年現在）

川島亮

1981年9月9日生
千葉経済大学附属高等学校卒
2003年にドラフト自由獲得枠で東京ヤクルトスワローズに入団
2004年に新人王を獲得
2012年に東北楽天ゴールデンイーグルスに移籍　2013年引退

石川賢

1981年6月1日生
北海道函館工業高等学校卒
2003年にドラフト3巡目で中日ドラゴンズに入団
2008年に東北楽天ゴールデンイーグルスに移籍　2010年引退

三木均

1982年8月8日生
飛翔館高等学校卒
2004年ドラフト自由獲得枠で読売ジャイアンツに入団
2009年に社会人野球に転向

内藤雄太

1983年11月29日生
横浜商工高等学校卒
2005年にドラフト3巡目で横浜ベイスターズ（現・横浜DeNAベイスターズ）入団　2013年引退

青山浩二

1983年8月12日生
北海道函館工業高等学校卒
2005年にドラフト3巡目で東北楽天ゴールデンイーグルスに入団
2020年引退

秋山翔吾

1988年4月16日生
横浜総学館高等学校卒
2010年にドラフト3位で埼玉西武ライオンズに入団
2020年よりメジャーリーグへ移籍

塩見貴洋

1988年9月6日生
帝京第五高等学校卒
2010年にドラフト1位で東北楽天ゴールデンイーグルスに入団

田代将太郎

1989年12月13日生
東海大付属第四高等学校卒
2011年にドラフト5位で埼玉西武ライオンズに入団　2020年引退

高橋優貴

1997年2月1日生
東海大学菅生高等学校卒
2018年にドラフト1位で読売ジャイアンツに入団

大道温貴

1999年1月20日生
春日部共栄高等学校卒
2020年にドラフト3位で広島東洋カープに入団

中道佑哉

1998年9月4日生
八戸学院野辺地西高等学校卒
2020年にドラフト育成2位で福岡ソフトバンクホークスに入団

八戸学院大学硬式野球部を率いる正村公弘監督は、ピッチングコーチ時代含め、数多くのプロ野球ピッチャーを輩出。その手腕はプロ・アマ問わず注目の指導者だ。

アマチュアで学んだピッチングの基本

FILE 01

八戸学院大学入学前 高校時代のピッチング

青山浩二投手（以下：青山）　高校生の時はとりあえず速い球を投げられるピッチャーになろうと、球速を重視して取り組んでいましたね。

　スピードを追い求める中で130km／h半ばくらいの球速で投げられるようになり、最高学年ではある程度良い成績を残せました。

塩見貴洋投手（以下：塩見）　僕は身長がそんなになかったので、中学生まで外野を守っていたんです。だから高校も入学時は外野だったのですが、左利きだからという理由で1年生の6月頃にピッチャーにコンバートされました。中学生のときに多少ピッチャーを経験していたというのもあったかもしれません。

　それからピッチャーを始めましたが、最初は130km／hも出せませんでした。ただコントロールはよかったので、制球力を武器にしていましたね。

青山　高校時代からプロに入りたいという気持ちを持っていたものの、3年生のときドラフトにかかりませんでした。しかし、諦めずに大学からのプロ入りを目指そうと、八戸学院大学を選びました。

　僕は函館工業高校で函館に住んでいたので、八戸とは比較的近いですし気候的にも環境が似ているので、不安はあまりありませんでしたね。2学年上に先輩がいたので、その点でも安心して入学しました。

塩見　僕は当時、愛媛に住んでいたので正直に言って「嫌だな」というのは多少ありましたね。すごく離れていますし、気候的に寒いというのも難点でした。

　ただ当時の野球部を率いていた藤木（豊）監督と僕の親が知り合いで、そのつながりもあって八戸学院大学への入学を決めました。

　しかし、イヤイヤ入ったというわけではありませんよ。青山さんの代だったりとか明治神宮野球大会の常連校だということは知っていましたし、プロに入るためには全国大会で成績を残さないといけないというのも心得ていたので、強豪である八戸学院大学に入れればプロへの道が拓けると思いました。

※インタビューは2014年のもの

塩見貴洋投手はドラフト１位で東北楽天ゴールデンイーグルスに入団。ルーキーイヤーから先発ローテーションに定着し、パシフィック・リーグ優秀新人賞を受賞した好投手。（詳しいプロフィールはP48参照）

体を強くすることで球威があがった大学時代

青山投手

大学時代に取り組んだ練習 正村監督から学んだこと

青山　大学では、体作りにとにかく練習時間を割いてましたね。走り込みとかウェイトトレーニングなどの筋トレを、徹底的にやりました。

塩見　僕も走り込みはしましたね。特に冬場は寒くてあまりボールを持てなかったので、ひたすら走っていました。

青山　それと、食ですね。僕は当時体が細くて、１８０㎝程度の身長に対して体重が65kg以下でした。

　これではパワーがつかないということで、体を大きくするために吐くまで食べさせられましたね。体重がなかなか増えず苦戦したことを、よく覚えていますよ。

塩見　僕は１・２年生と、ヘルニアだったり疲労骨折であったりケガに泣かされてあまり投げられませんでした。特に1年目のヘルニアは寝返りするのも痛いくらいで、一時期は野球をやめようか悩んだこともありましたね。

　しかし3年生からはケガもよくなって投げられるようになり、正村（公弘）さんの指導でピッチングの強化に取り組みました。

　正村さんからは特に、足の動きだったり体のひねり方を教わりましたね。下半身を中心に投げるピッチングフォームを身につけられ、卒業間際には球速も１４７㎞／ｈまであがりました。球質やキレもかなり良くなりましたね。

青山　正村さんにはかなりお世話になりました。正村さんがコーチに就任するまではほとんど自己流というか、高校時代とあまり変わらないピッチングフォームで投げていたんです。

　しかし正村さんに頭が突っ込み気味だと指摘され、軸で回転する練習などで正しい動作に改善していただいたら、ピッチングがすごく良くなったんです。特にコントロールは、格段にレベルアップしましたね。

変化球への取り組み方 マスターする方法

塩見　変化球は一通り練習しましたね。

選手としての成長がプロへの道を拓く

塩見投手

チェンジアップだったり、スプリットなんかも投げてみました。その結果、カーブやスライダー、フォークボールが自分に合っているということがわかりました。フォークボールはもう、指でボールを挟めるくらいになりました。

ただ、やっぱり基本はストレートなので、キレのあるボールを投げられるように意識して練習しましたね。

青山　さまざまな変化球を試しながらマスターしていきましたね。それと、投げたい球種を実際に得意とする選手に話を聞きに行きました。

それで握りだったりをマネしてみるんです。すぐに投げられるようになるボールがあれば、なかなか難しいものもあるので、そこからは自分なりに工夫して練習しました。

プロを目指すにあたって意識していた部分

塩見　4年の春がとても大事なので、なんとしても全国に行かなくてはと考えていましたね。春先に指を骨折して少し出遅れてしまいましたが、それでも気持ちは「絶対に全国に行く」とモチベーションを高く維持していました。
　それもあってか、リーグ戦で55イニング無失点を記録できました。本当に自分でもびっくりしてしまうくらいなのですが、そのときは案外冷静で、「いつかとられるだろう」くらいに考えて投げていましたね。

青山　リーグ戦で20勝したりだとか実績を積み上げられていた部分もあるんですけど、気持ちとしてはすごく焦っていました。神宮大会や全日本の大学選手権に出場したものの、結果を出せていませんでしたからね。4年の春に監督から「スカウトが一斉にいなくなった」という話を聞いたのもあり、プロに行ける手応えはほとんどありませんでした。むしろかなり追い込まれた状況で、必死で投げていました。

プロで活躍する秘訣勝つために必要なこと

塩見　技術的なことで言えば、低めにコントロールできる制球力ですね。もちろん、ストレートと変化球のキレも大事です。

青山　学生時代よりコントロールが重要だなと感じますね。それと対応力。アマチュアと違って同じバッターと当たる頻度が高いですし研究もされるので、それに対してどう対応するのかがカギになります。

塩見　反対にこちら側からも研究しますね。データをとったり映像を見たりなんかして、ある程度はバッターの情報を頭に入れて投げています。

青山　僕の場合だと、シーズンによって先発と中継ぎ、抑えと役割が変わることがあるので、それぞれの難しさも感じますね。中継ぎや抑えはイニングが短い分、腕を全力で振ることができますが、先発だと試合を作る役割があるので調整しなければいけなかったり、違いがあります。

塩見　技術面も大切ですが、1番は気持ちの部分じゃないでしょうか。ピンチの場面であっても、強い気持ちで投げられるメンタルが必要です。

青山　僕はいつも、良い意味で現実逃避するようにしています。プレッシャーを感じる場面でも「大丈夫だろう」と、楽観的に考えていますね。それと、相手側の応援を無視して頭に入ってこないようにシャットアウトするんです。
　これによって自分のペースで投げられるようになるので、試合を作らなくてはいけない先発での登板では特に意識しています。逆に抑えでは、プレッシャーをメンタルを高める材料にしています。決勝打を打たれる危険性を、「絶対に抑えてやる」とモチベーションをあげるスイッチにするんです。

コンディショニングとケガに対するケア

塩見　（プロ入り）3年目に肩を痛めたのですが、それは1年目2年目に結構投げていたのにも関わらず、「今シーズンもケガなくいけるだろう」と軽い気持ちでいたのが問題だったのだと思います。しっぺ返しというか、なるべくしてなったという感じですね。ケガをしてコンディショニングやケアの大切さを思い知らされたので、反省点として活かし、現在ではインナーマッスルを重視したりだとか、コンディショニング面を充実させています。

青山　ケガに対しては慎重にケアしていますね。ストレッチを入念にしたりだとか、また四季の移り変わりの中で寒い時期はシャワーを浴びて体を温めてからウォーミングアップをしたり、夏場は塩分を意識して摂ったり、気候の変化に合わせて対策をとっています。

　あと、疲労回復にも気を遣っていますね。ビタミンなどの栄養は食事だけでは到底補えないので、サプリメントなどを体に入れて疲れをとっています。加えて、トレーナーさんにケアしてもらうのも疲労の蓄積を抑えるために重視していますね。ほぼ毎日、習慣的に行っています。それがなければ、一年間投げ続けるのは難しいと思います。

投手プロフィール

青山浩二

1983年8月12日生　北海道函館工業高等学校卒
八戸大学（現・八戸学院大学）で大学通算20勝無敗と実績を積み、2005年にドラフト3巡目で東北楽天ゴールデンイーグルスに入団。一年目から一軍でプレーし、2010年にはセットアッパーとして勝利の方程式「スリーマウンテンズ」の一角を担い、チームに貢献する。2012年には日本タイ記録となる6試合連続セーブを達成し、初の月間MVPを獲得。チーム最多となる61試合に登板し、22セーブを挙げ球団記録を更新するなど充実のシーズンを過ごす。2020年に現役を引退。

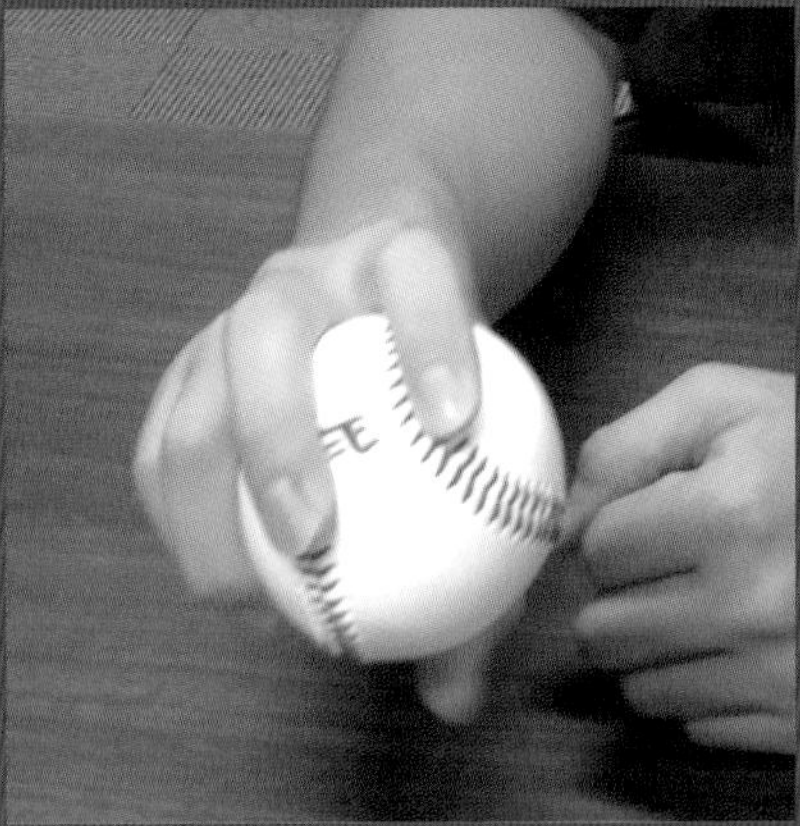

スライダーの握り

青山投手は150km/hを超えるストレートと、キレのある変化球を武器にする右の本格派ピッチャー。写真は得意とするスライダーの握り。このスライダーには、高速で横に動くスライダーとタテに鋭く落ちる2種類がある。

PART 2
ピッチャーとして成功するためのコツ

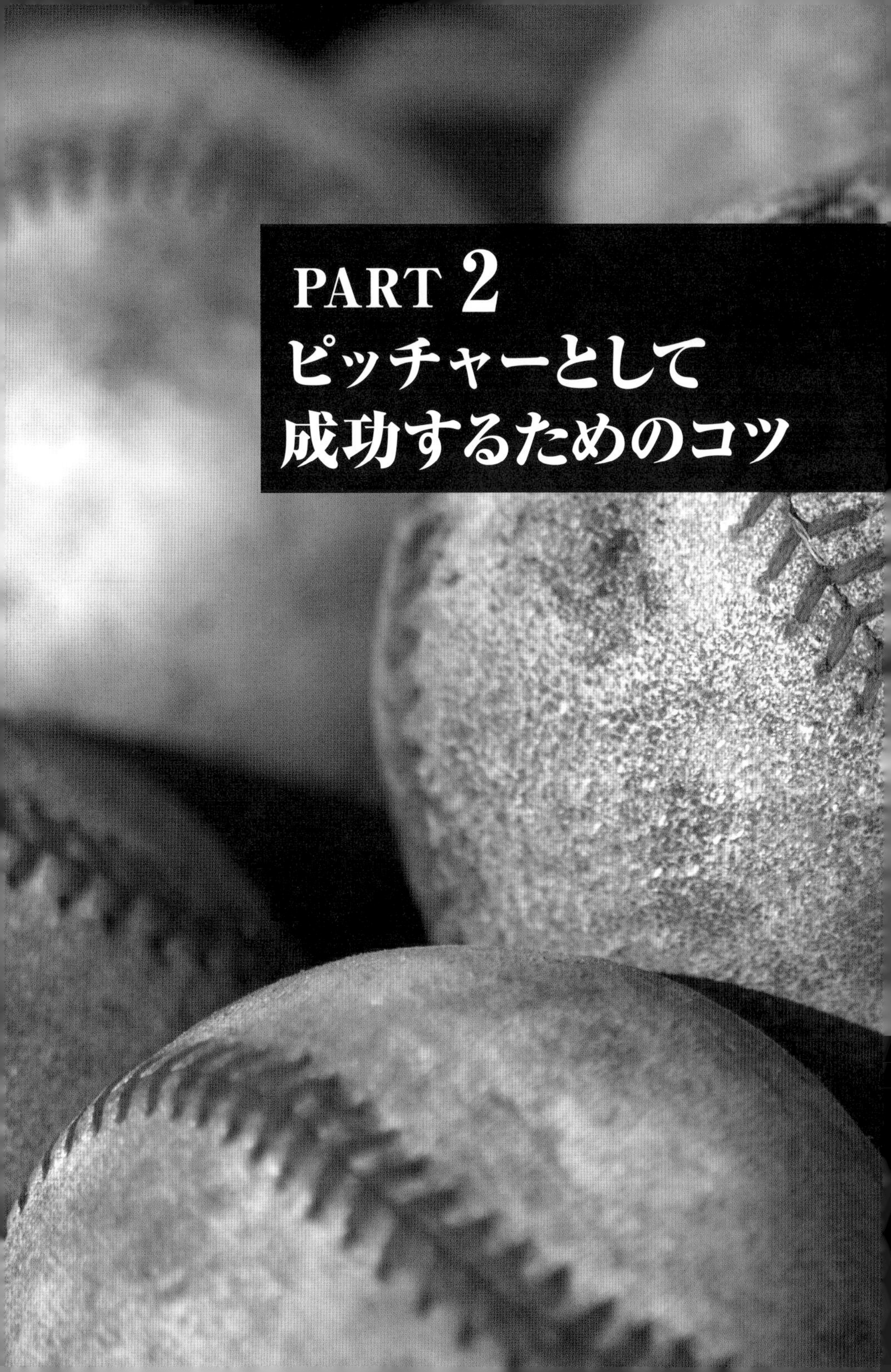

エースの資質

エースピッチャーを目指す

TECHNIQUE POINT!

1. コントロールとスピードがなければエースはつとまらない
2. 長いイニングを投げるには、体力と正しいフォームが必要
3. 速いボールとキレある変化球を武器に相手を抑える

FILE 02

心技体に優れたピッチャーがエースの条件

野球は1チーム9人で行うスポーツだが、勝敗のカギを握るのがピッチャーといっても過言ではない。とりわけ〝エース〟といわれる主戦ピッチャーは、守備においての大黒柱であり、その力量やコンディションがチームの浮沈に影響する。

アマチュア野球でも、ピッチャーの分業制が進められてはいるが、エース番号はチームにただひとりであり、ピッチャーになる以上はエースを目指したい。

そのためには、試合を通じてしっかりストライクが入る、基本的な投球術はもちろん、相手チームに余計な失点を与えないゲームマネージメント、競った試合では味方の援護をもらうまで我慢できる精神力など心技体において、まさに高いレベルが求められる。

TECH 1

コントロールとスピードがなければエースはつとまらない

先発完投型のピッチャーがエースの理想。ゲームの入りから終わりまでしっかり投げ切る体力とピッチング能力が求められる。そのためには、四死球でゲームを壊さない制球力や勝負所でバッターを打ち取ることができる強いボール（球速）が必要になる。

TECH 2

長いイニングを投げるには体力と正しいフォームが必要

ピッチャーが先発完投する場合、球数にすると100から130球をたったひとりで投げることになる。これだけの長いイニングを投げ切るには、体力はもちろん、安定したフォームでボールを投げる能力が必要になる。つまり正しいフォームのマスターは必要不可欠な要素。

TECH 3

速いボールとキレある変化球を武器に相手を抑える

ピンチで頼りになるのは、持っているボールの強さ（スピード）とそれを生かす変化球（決め球）につきる。この二つの柱があってこそバッターは、迷ったり、ボールに差し込まれたりする。スピードやキレが増していけば、空振りをとることも可能になり、得点を許さない絶対的なエースに成長することができる。

+1《プラスワン》テクニック

練習量と強いメンタルが勝敗をわける

ピッチャーの投球にはメンタルも影響している。メンタルが悪く作用すれば、フォームが乱れストライクが入らなくなるケースもある。絶対絶命のピンチで、自分が狙ったところに決め球を投げられるかどうかは、日頃の練習の成果とメンタルの強さにかかっている。

PART 2

正しいフォームのメリット

ケガを回避しつつ投球を安定させる

FILE 03

TECHNIQUE POINT!

1. フォームを身につけケアとトレーニングで維持する
2. 自分の体に合ったフォームを身につける
3. 正しいフォームには相乗効果が期待できる

ケガをしにくいフォームづくりに取り組む

強い力で腕を振り、ボールを投げると肩やヒジには負荷がかかる。投球後のケアを怠ったり、無理なフォームで投げることによってケガをしてしまうことがある。ピッチャーの肩とヒジは、消耗品とも言われている理由だ。

体に負担の少ない無理のないフォームをマスターし、ケガをしないピッチャーになることがエースの第一条件。さらに正しいフォームをマスターすれば、どんな状況下においてもフォームを乱すことなく、ボールをコントロールできる、安定感あるピッチャーになることができる。

自分の体にあった理想の腕の振り方やフォームを究めていくことも、エースへの成長過程に欠かさせないものである。

TECH 1

フォームを身につけ ケアとトレーニングで維持する

ピッチャーが肩やヒジにケガをすると、ボールを投げることができない期間ができてしまうため、学生にとっては大きなダメージとなる。これを避けるために、「正しいフォームを身につける」「ケアを行う」「トレーニングで鍛える」という三つの方法を実践したい。

TECH 2

自分の体に合った フォームを身につける

ピッチングフォームは千差万別であり、正しいフォームも骨格や筋力の強さ、体の柔軟性によって変わってくる。フォームをマスターするには、自分にあった形を身につけることが大切。腕の振り方も上からオーバースロー、スリークォーター、サイドスローなどがある。

TECH 3

正しいフォームには 相乗効果が期待できる

自分に合ったフォームを身につければ、ケガをする確率が低くなり、安定的な投球ができるようになる。正しいフォームで投げることで動作に関連する筋肉が発達するという相乗効果も期待できる。練習が進むほどフォームが固まり、強いボールを投げられるようになる。

+1《プラスワン》テクニック

力を効率よく乗せて 球速をアップする

正しいフォームで腕を振れるようになると、前への体重移動と腰の回転で作った力をロスなくボールに伝えられるようになり、球速が向上する。下半身と腕の動作をうまく組み合わせて、まず力強いストレートを投げられるようになることから練習していこう。

自分に合ったピッチングフォーム

腰に合わせて腕の振りを決める

TECHNIQUE POINT!

1 フォームには4種類ある
2 腰の回転軸で腕の振りを決める

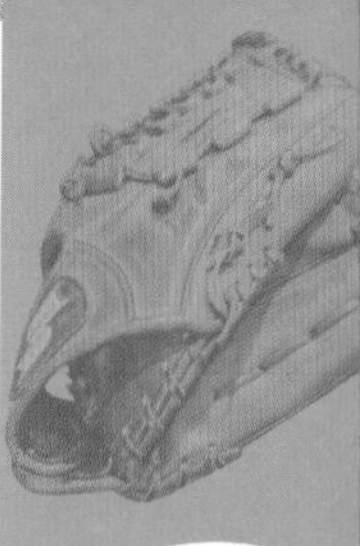

FILE 04

自分の持っている回転軸の動きを見極める

ピッチングフォームには、大きく分けて4種類ある。最もベーシックなのが腕を真上から下に振るオーバースローで、そのほかやや角度のついたスリークォーター、横投げのサイドスロー、下から投げるアンダースローがある。これらからフォームを選ぶ際には、腰の回転軸に注目する。**人はそれぞれ固有の回転軸を持っており、それにあった軌道で腕を振ることで、下半身と腕の力を効果的に組み合わせられるようになるのだ。**

腰の回転軸がタテならオーバースロー、横ならサイドスローと、下半身の動きに腕の振りを合わせることで理想的なピッチングフォームとなる。鏡の前に立って投球フォームを行い、確認してみよう。

FILE 05

オーバースロー

真上から投げて角度をつける

TECHNIQUE POINT!

1 基本のフォームとして習得する

2 投げおろしてボールに角度をつける

高身長のピッチャーにフィットするフォーム

ピッチングフォームをマスターする際には、オーバースローからスタートするのが基本。ある程度形ができたところで、回転軸をチェックして合わせていく。

また、身長のある投手は腰の回転軸が横だったとしても、矯正してオーバースローに合わせるべき。**高さがあると上から投げおろして、バッターのスイングと角度の違いを生み出せる**ので、オーバースローでその武器を活かす。また高身長はスピードも出しやすいので、球速を追求したいピッチャーにはオーバースローは相性が良い。速球を軸にしたピッチングで、スピードに緩急をつけるチェンジアップやフォークボールなどタテに変化するボールをマスターすれば、本格派のピッチャーへと成長できる。

スリークォーター

オーバーとサイドの中間で投げる

TECHNIQUE POINT!

1. オーバーとサイドの中間で腕を振る
2. 球速と制球力で勝負する

スピードとコントロールを両方とも鍛えられる

上から投げるオーバースローと横から投げるサイドスローの、ちょうど中間の位置で腕を振るフォームがスリークォーターだ。**スピードとコントロールの両方を高めることができるため、幅広いピッチングが可能になる。**また、横に動く変化球もマスターしやすいので、対応力が高い。そのバランスの良さから、プロでも何人かのピッチャーがこのフォームで投げている。

しかしオーバースローに比べると、本格派のピッチャーは少なく、打者の手元でボールを動かしたり、目先を変えるピッチングでバッターを巧みに打ち取る技巧派のピッチャーに向いているフォームといえる。

FILE 06

サイドスロー

横から投げてキレで勝負する

FILE 07

多彩な変化球を軸にするフォーム

制球重視のフォームで、横から投げるサイドスローだ。スピードをつけづらい欠点はあるが、プロで活躍するレベルのサイドスローとなると１４０㎞／ｈ超のストレートと左右に動く変化球のキレで勝負できる。

シンカーやチェンジアップなどタテの変化球を習得すれば抑えの切り札のようなピッチャーになることも可能だ。

また下から投げるアンダースローは、下半身への負担が大きく、投球動作が大きいためセットポジションでのデメリットもある。現在は減少傾向にありお手本も少ない。しかし投球軌道が下から上に来るため、バッターから見ると打ちづらいメリットもある

PART 2

球速10km／hアップがなぜ必要か

力のあるストレートを軸に投球する

FILE 08

TECHNIQUE POINT!

1 プラス10km/hで出場機会を増やす
2 強いボールを安定的に投げられるフォームを身につける
3 バッターの打ちにくいコースに制球する

バッターが打ちにくいストレートとはどんなボールか

自分に合った腕の振りを見つけたら、フォーム固めに着手しよう。その習得度を表すのが球速表示だ。年齢や筋力に差があるので一概に数字は決められないが、**フォーム改造後にプラス10km／hを目標とすれば、フォームの完成度はもちろん、チームのほかのピッチャーとの比較のなかでも抜きん出た存在になれるはずだ。**

しかし球速表示に表れないバッターにとって打ちにくいストレートを投げる投手もいる。これはボールの出どころがバッターから見えにくいタイプのピッチャーで実際の球速表示が130km／hしかなくてもプラス10km／h以上に感じさせることができる。上背がない、筋力が弱い球速表示が出ないタイプのピッチャーは、ボールの出どころとリリースポイントを遅らせる工夫をすることも必要だ。

TECH 1

プラス10km/hで出場機会を増やす

ひとつの目安としてプラス10km/hを目標に練習していこう。MAX120km/hのピッチャーなら130km/h、130km/hなら140km/hを目指す。常に強いボールを投げられるようになれば、試合に出場する機会が増え、さらにレベルアップすることができる。

TECH 2

強いボールを安定的に投げられるフォームを身につける

強いボールを安定的に投げられるようになるには、フォームをしっかり固めることが大切だ。また試合を通じて正しいフォームを維持するにはスタミナも必要となる。どんな状況でも同じフォームで投げられるように意識することで、ピッチャーの完成度が高まってくる。

TECH 3

バッターの打ちにくいコースに制球する

試合でどんな良いボールを投げていても、ど真ん中や続けて同じところに投げていればバッターは簡単に対応してくる。そうならないためにもコントロールが必要になる。バッターの打ちにくいコースに制球することを意識して、さらにレベルアップしていこう。

+1《プラスワン》 テクニック

投球フォームを究めてバッターの体感速度をあげる

プロ野球のピッチャーで球速表示がそれほどではなくても、バッターを詰まらせたり、空振りを取れるピッチャーがいる。このようなタイプは、投球フォームの始動からボールを持っている時間が長く、リリースの寸前までボールの出どころが見えないピッチャーだ。

球速10km/hアップに必要な要素

正しい運動伝達で投げる

TECHNIQUE POINT!

1. 精度の高いボールをたくさん投げる
2. 肩の入れ替えを意識して投球フォームをつくる
3. ストレートと変化球は同じフォームで投げる

FILE 09

精度の高いボールの投球率をあげる

オリンピックのやり投げやハンマー投げの選手が、野球のボールを投げて140km/h近くの球速を表示することがある。確かに〝投げる〟運動に特化しているトップアスリートだけに驚く数字ではない。しかし、この球速は100球投げた時点も維持できるだろうか。

ピッチャーの場合、加えてバッターと駆け引きしたり、投球そのものにもコントロールや変化球のキレなどが求められる。**つまり精度の高いボールを続けて投げるには、ロスの少ない運動伝達による正しいフォームが必要となるのだ。**

特にトップからリリースでの肩の入れ替えは重要なポイント。下半身が作った力を上半身に伝え、リリース時に最大のパワーにするための運動伝達となる。詳しくはピッチングフォームをマスターするPART3の解説を見てみよう。

TECH 1

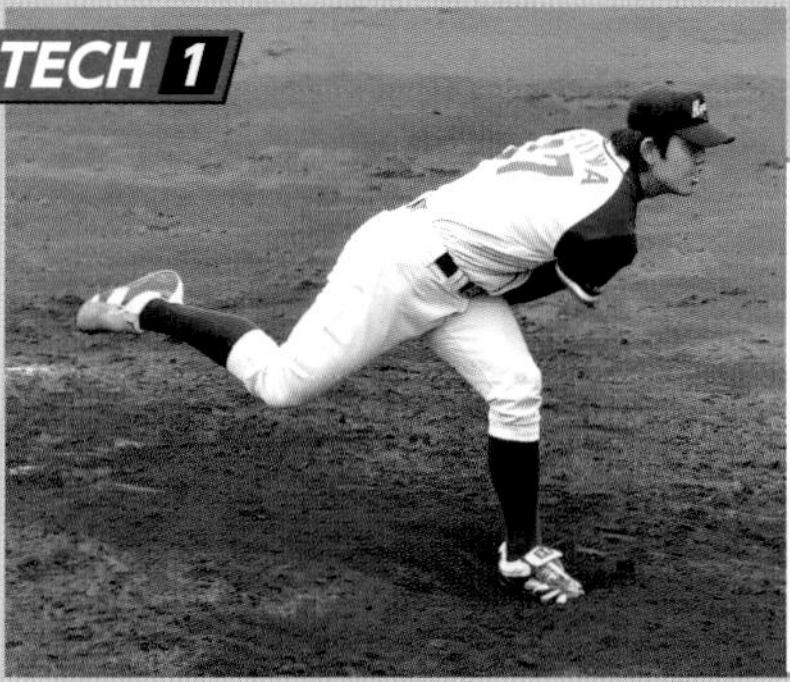

精度の高いボールをたくさん投げる

スピードガンの数字を速くすることは、ひとつの目安に過ぎない。MAXの球速表示に近いボールをコントロールし、いかにたくさん投げられるかが大切だ。そのためには理にかなった投球フォームをマスターすることがカギ。正しい運動伝達の投球フォームを究めよう。

TECH 2

肩の入れ替えを意識して投球フォームをつくる

トップからリリースでの肩の入れ替えがうまくできないと、リリースポイントが安定せずコントロールがきかない。下半身から作りあげた力を上半身に伝え、リリース時に最大のパワーを発揮するためにも、肩の入れ替えを意識して正しい運動動作で投げてみよう。

TECH 3

ストレートと変化球は同じフォームで投げる

投球ではストレートを軸にし、それを補うのが変化球。ストレートと変化球はできるだけ同じフォームで投げることが大切だ。無理に曲げようとして腕をひねったりすればケガの要因に、抜くことを意識してフォームを緩めてしまえばバッターに悟られてしまう。

+1《プラスワン》テクニック

走り込みでスタミナを強化する

正しい運動伝達のフォームで投げていれば、コントロールや球速は高いレベルで安定する。そのフォームを支える下半身にスタミナがあれば、球数が増してもフォームが乱れることは少なくなる。次ページ以降で解説する筋力トレーニングに加えて走り込みを実践しよう。

PART 2

ピッチャーに必要な筋肉①

体幹の筋肉を鍛える

TECHNIQUE POINT!

1. フォーム維持のため胴体部の腸腰筋を鍛える
2. 瞬発力に長けた筋肉を身につける
3. 股関節周りの筋肉を鍛えて球速をアップする

胴体部の体幹でバランスを保つ

ピッチングフォームは、全身を使ったダイナミックな動作。傾斜のあるピッチャーマウンドに立ち、前へと体重移動する動きなのでバランスを崩しやすい。安定した動作を行うためには、体の軸をしっかり保つことがポイント。その際に力を発揮するのが体幹の筋肉だ。

体幹とは胴体部にある筋肉の総称で、**ここが強くなれば、不安定な体勢になっても軸をキープできるようになる**。軸が安定すれば、下半身が生んだパワーを上半身に正しく伝えることができ、ピッチングの精度は大幅にアップする。

特に力を生み出す下半身もしっかりと鍛えたい。股関節周辺のインナーマッスルは、球速アップに欠かせない筋肉なので、地道なトレーニングが必要になる。プロ野球でドラフト指名されたピッチャーは例外なく、この筋肉が大きく強い。

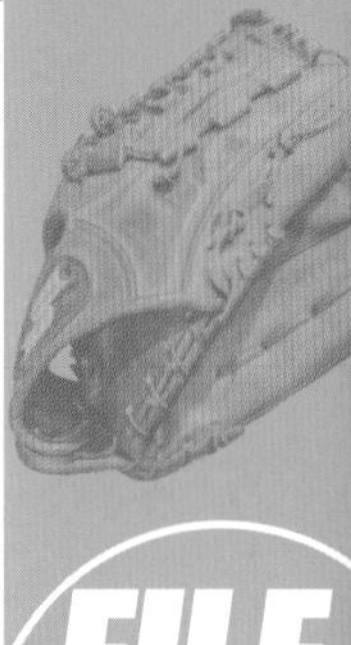

FILE 10

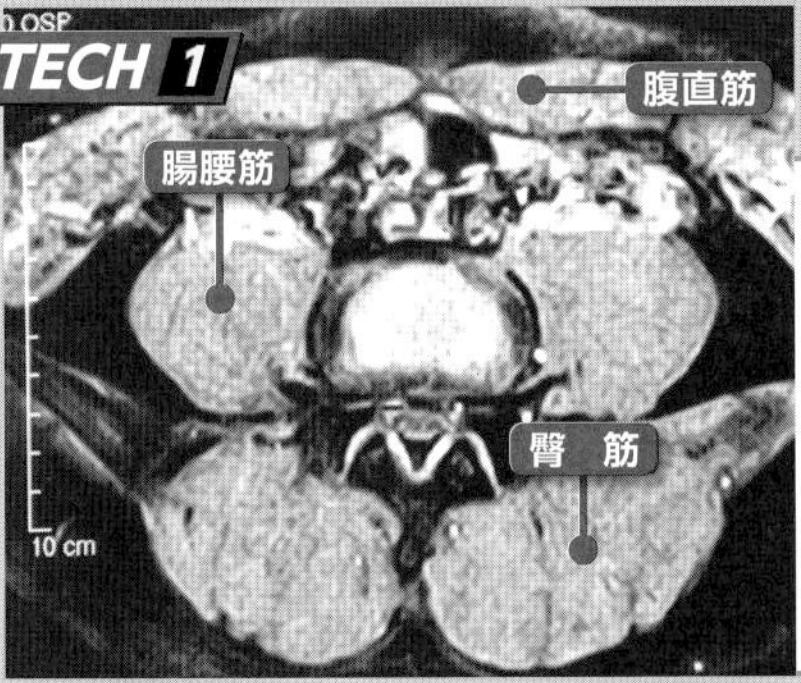

TECH 1

フォーム維持のため 胴体部の腸腰筋を鍛える

片足立ちなどアンバランスな状態でもフォームを維持するピッチャーは、体勢を安定させるために「体幹」を鍛える必要がある。腸腰筋は、体の軸となる筋肉であるため、鍛えることでバランス力が向上する。トレーニングに取り組み強化しよう。MRIは150㎞/h超のボールを投げるピッチャーの筋肉で腸腰筋が大きい。

TECH 2

瞬発力に長けた 筋肉を身につける

ピッチャーとして大成する選手は、陸上に例えるなら短距離選手のような筋肉タイプが適している。その方が明らかにスピードボールを投げられるからだ。とはいえ長いイニングで投球フォームを維持するには、長距離選手のようなスタミナも必要となるのでバランス良く鍛えたい。

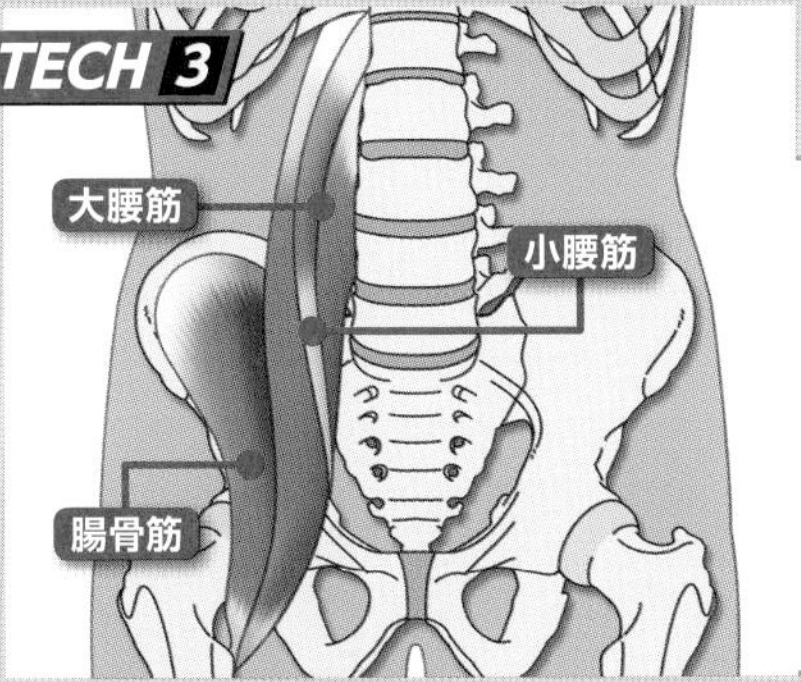

TECH 3

股関節周りの筋肉を鍛えて 球速をアップする

投球フォームにおいて、大きな力を生み出すのが股関節まわりの筋肉。短距離が得意なスプリンタータイプの筋肉がピッチャーに適している。特に股関節内にあるインナーマッスルや尻にある臀筋群は、走り込みにより鍛えることができる。強い下半身は球速アップに最も重要なものである。

+1《プラスワン》 テクニック

地道なトレーニングを コツコツ続ける

球の速いピッチャーは筋肉モリモリというよりは、目に見えない股関節内のインナーマッスルなどが強化されている。腕や足などのアウターマッスルと違って、体幹の筋肉は、見た目ではなかなか成果が見えてこないトレーニングが必要だが、地道なトレーニングを継続することがピッチャーとして成功する秘訣だ。

PART 2

ピッチャーに必要な筋肉②

肩の深部の筋肉を補強する

FILE 11

TECHNIQUE POINT!

1. ピッチャーは肩を痛めやすい
2. インナーマッスルを鍛えて肩を守る
3. 強度の大きな運動では鍛えられない

インナーマッスルの強化でケガを回避する

「ピッチャーの肩は消耗品」と言われるほど、肩はデリケートで大事にしなければいけない部位。故障のリスクを避けるためには、肩周りの筋肉を鍛えて関節を補強する必要がある。その際、ターゲットになるのは三角筋や僧帽筋などではなく、**「インナーマッスル」と呼ばれる肩の深部にある筋肉だ。特に肩甲骨周辺にある肩甲下筋と棘上筋、棘下筋は重要だ。**

これらを強化することができると、肩に強い力がかかったときに起きる脱臼や投球による肩への負担を軽減し、ケガから守ることも可能だ。

とはいえ肩に負担のかかる悪いピッチングフォームを長年続けていれば、ケガは必ずしも回避できない。ピッチングフォームでは肩・ヒジに負担の少ない内捻からの挙上を心掛けよう。

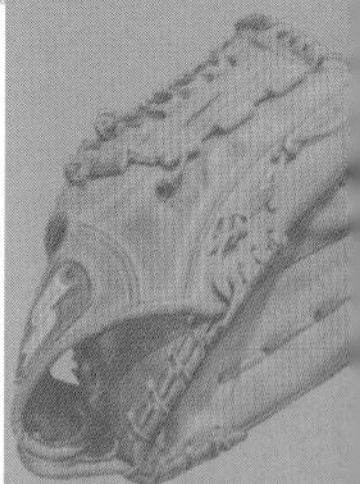

TECH 1

投球動作は肩への負担が大きい

ピッチャーは全身運動である投球動作を、繰り返し行わなければならない。そのため、肩への負担が大きくケガもしやすい。守るために必要になるのが、肩周辺の「インナーマッスル」だ。これは外からでは見えない体の深部にある筋肉で、深層筋とも呼ばれる。

TECH 2

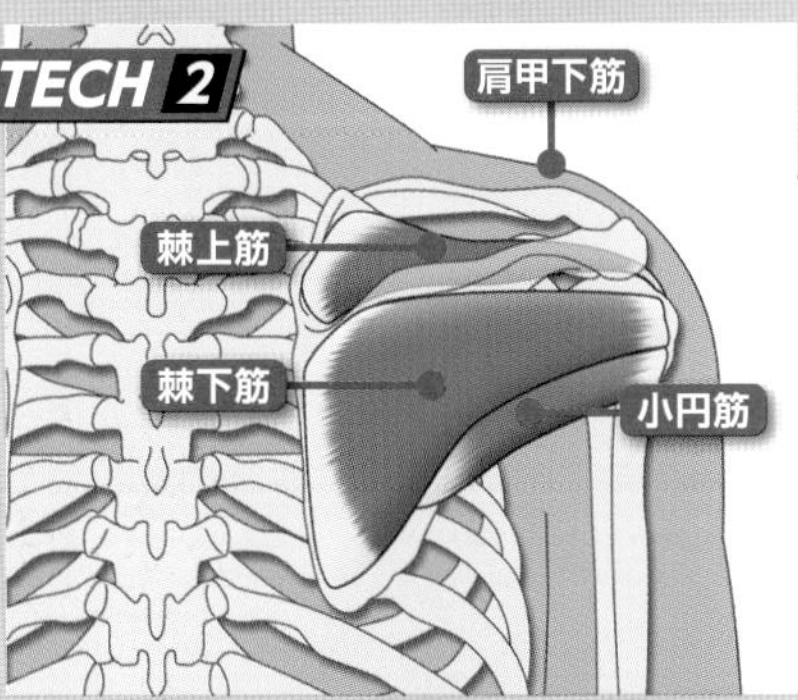

ローテーターカフが肩を守る

鍛えるべきは、肩甲骨周りの肩甲下筋と棘上筋、棘下筋といったインナーマッスルだ。これらは総称して「ローテーターカフ」と呼ばれる、肩甲骨から肩の頂点にかけて走る筋肉だ。肩の動きをサポートする役割を持ち、身につけることでケガのリスクが減少する。

TECH 3

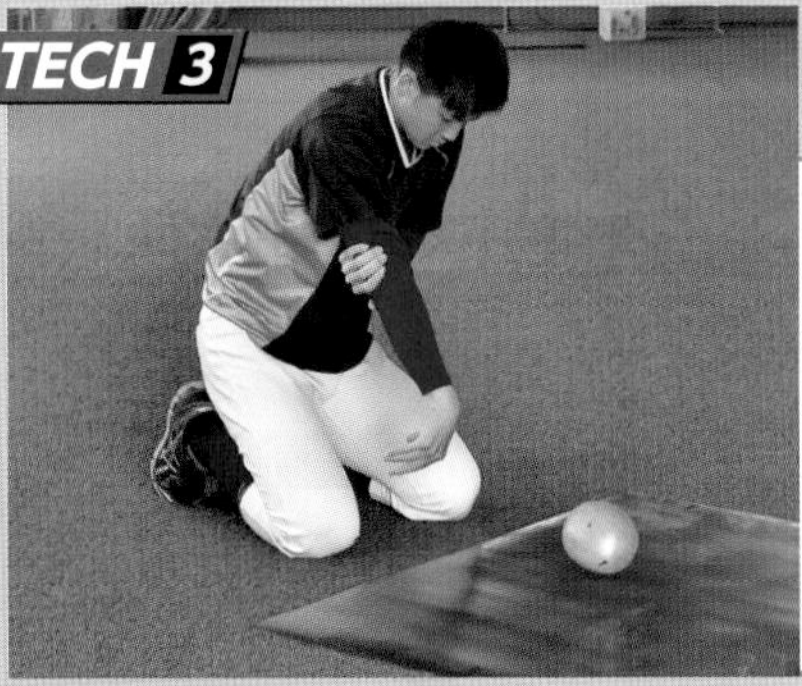

弱い負荷で動作して鍛える

インナーマッスルはバーベルなど大きな負荷を持って行うトレーニングでは、鍛えることができない。働きかけるためには、実際にボールを投げたり、運動強度の弱い動作を繰り返すしかない。トレーニングを通じて肩のインナーマッスルに働きかけるよう意識しよう。

+1《プラスワン》テクニック

実際にボールを投げて肩を鍛える

肩の筋肉を鍛えるには、実際のボールを投げることが一番のトレーニングだ。ただし悪いフォームで続ければ、肩は消耗して痛めてしまうので注意。筋力トレーニングはあくまで補強であり、悪いフォームではケガを予防するものではないと理解しておこう。

決め球（変化球）の重要性
変化球を織り交ぜて投球する

TECHNIQUE POINT!

1. 変化球で緩急をつける
2. 自分のフォームから変化球を選ぶ
3. 手の大きさにも注目する

ストレートに変化をつけて バッターを翻弄する

バッターとの勝負に勝つためには、空振りさせられる決め球が必要だ。タテに落ちるボール、左右に動くボール、球速の遅速でタイミングをずらすボールなどがある。

ピッチャーのタイプによって決め球となる変化球は異なるが、**ストレートと何種類かの変化球でピッチングを組み立てられれば、さらに投球の幅が広がる。ピンチの場面や三振を取りたい場面で自信を持って投げられることが大切だ。**

変化球を習得する際には、自分のフォームや身体的な特徴に合ったものを選ぶことがポイント。フィットすれば、短い練習期間で鋭い、キレのある変化球を投げられるようになる。

FILE 12

TECH 1

変化球を用いてピッチングに幅をつける

バッターはピッチャーがボールを投げた瞬間からバッターボックスに到達するまでの短い時間で見極める。速いストレートを投げていれば、バッターはストレートのタイミングで待っているので変化球への対応が遅れてしまう。キレがあれば空振りをとることも可能だ。ボールのスピードや左右高低に変化をつけよう。

TECH 2

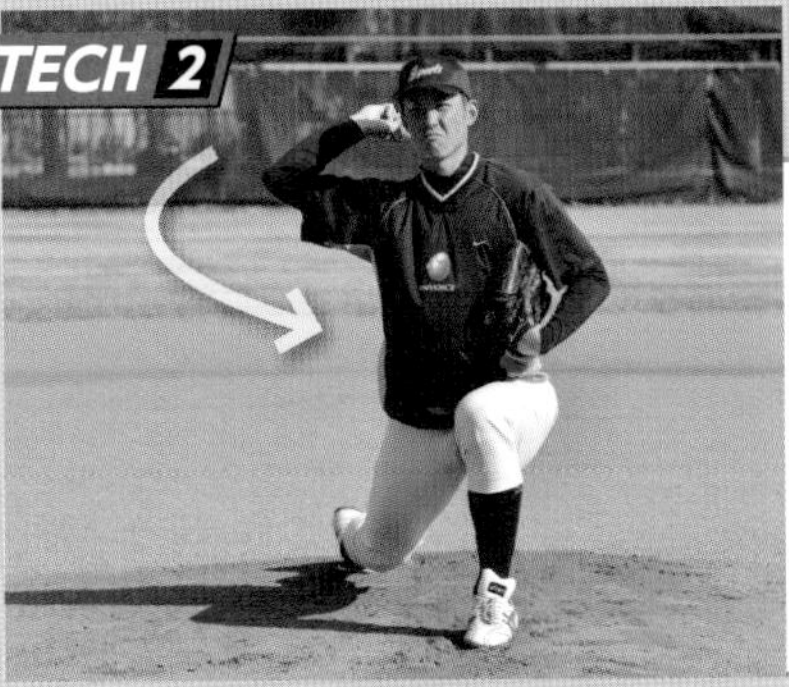

フォームに合った変化球を習得する

変化球にはたくさんの種類があるが、重要なのは自分のフォームにあったものを習得すること。オーバースローならタテに落ちるボールが投げやすく、サイドスローなら左右に曲がるボールが投げやすい。腕の振りやフォームにフィットする変化球から練習してみよう。

TECH 3

身体的な特徴にも注目して変化球を選ぶ

変化球はボールの握り方で変化をつけるので、手のサイズによって習得できるバリエーションに違いがある。手が大きく指が長いピッチャーは、フォークボールの握りが簡単だ。逆に小さい人は、浅く挟んだスプリットなど鋭く落ちるボールで勝負したい。

+1《プラスワン》 テクニック

ストレートを決め球にすることもできる

変化球はストレートあっての決め球だ。それまでの配球で変化球を見せていれば、勝負どころで球速のあるストレートを投げて、バッターを打ち取ることもできる。バッターに狙い球を絞らせないためにも、どちらも同じフォームで投げられるよう練習しよう。

自分が有利な状況を作る

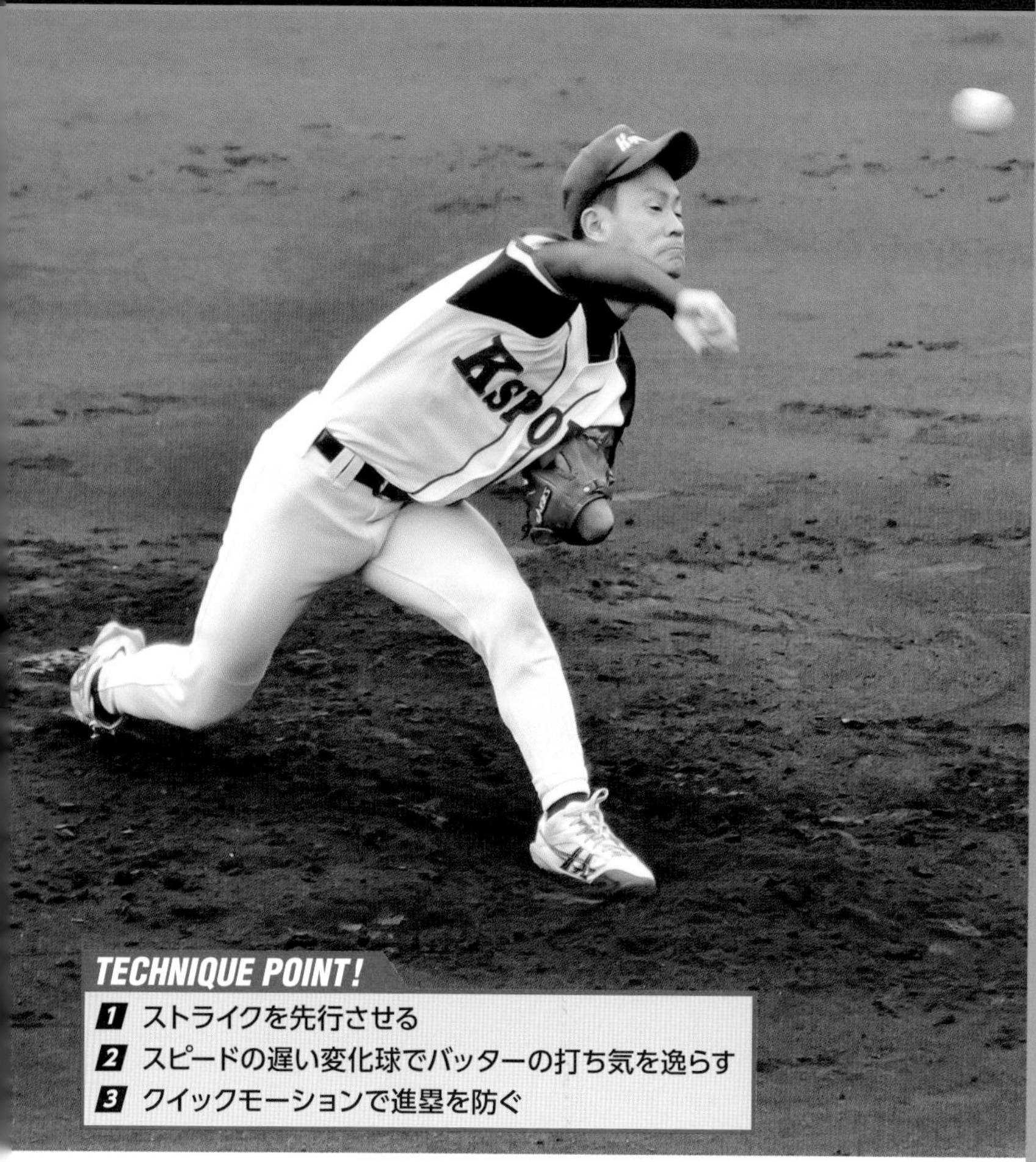

TECHNIQUE POINT!

1. ストライクを先行させる
2. スピードの遅い変化球でバッターの打ち気を逸らす
3. クイックモーションで進塁を防ぐ

マネージメント能力を身につけアウトをとる

ピッチャーには、ゲームをマネージメントする能力が要求される。これは、ピッチャーが有利な状況を維持しつつ、試合を進める能力のことで、特に先発投手は長いイニングを投げることになるので確実に身につけておきたい。

最も大切なゲームマネージメントは、ストライクを先行させることとフォアボールを出さないこと。これを徹底することで、少なくとも不利な状況を避けられる。

次に変化球の種類だ。タイミングをズラしてダブルプレーを取るなど、バッターの打ち気を上手に使える投球術が必要だ。

加えて出塁を許したときの対応も身につけたい。セットポジションでの技術や、効果的なけん制を駆使してゲームマネージメントし進塁や失点を防ごう。

TECH 1

ストライクを先行させて有利な状況をつくる

常に有利なカウントで戦うために、ストライクを先行させるピッチングを徹底しよう。そのままバッターを追い詰めることができれば、自由なスイングをされず、ヒットや長打の可能性を減らすことができる。バッターを追い込むことで主導権を握れるのだ。

TECH 2

スピードの遅い変化球でバッターの打ち気を逸らす

変化球で身につけたいのが、チェンジアップやカーブといった遅いボールだ。選択肢の中にあると、スピードの緩急でバッターのタイミングをズラすことができる。スピードのあるボールばかりに偏らないように、必ず1種類は遅いボールを習得しよう。

TECH 3

クイックモーションで走者に自由を与えない

試合を通して一人の出塁も許さない展開はほとんどない。ランナーは出て当たり前なので、その際の対応をしっかり磨こう。身につけておきたいのが、クイックモーション。盗塁阻止やスタートを遅らせて失点のリスクを避ける。バッターのタイミングを外す効果もある。

プラスワン +1 テクニック

けん制は相手の出方を見極めるプレー

けん制は必ずしもアウトをとるためのプレーではない。目的は相手チームの戦術の見極めにある。けん制したときのランナーの立ち位置やバッターの動きなどから、エンドランがくるのかバントがくるのかなど、出方を判断する。タイミングを考えてけん制をしよう。

PART 2

ゲームをマネージメントする②

観察と洞察でピンチを回避する

TECHNIQUE POINT!

1. 観察眼と洞察力を身につける
2. 配球を記憶する
3. ノートを用いて覚える手もある

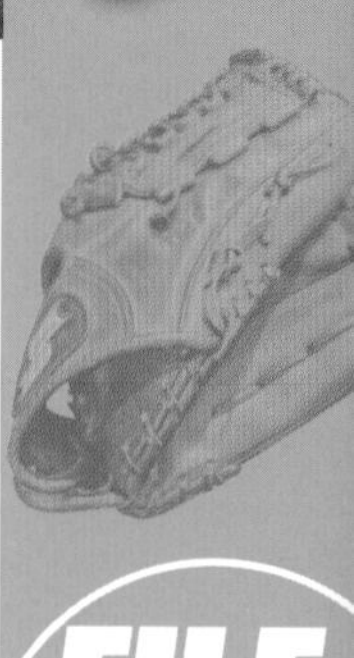

FILE 14

ピッチャーは頭脳を使ってマネージメントする

セオリー通りのピッチングは、高いレベルの勝負では通用しない。強打者と対峙する際には、観察と洞察で相手を見極め、どういうボールを投げれば有利になるかを考える必要がある。スイングの軌道、グリップの位置、ステップの踏み方などから分析すれば、特性や狙いを知ることができるのだ。

また自分の配球を記憶することも重要だ。どのバッターにどんなボールを見せているか、これまでどのボールを何球投げているかなど、把握しておく必要がある。これができないと相手バッターに狙い球を絞られたり、ピッチングが単調になってしまうのだ。

また、配球を記憶できれば貴重な経験となり、次試合の登板で活かすことができる。頭を回転させながらプレーしよう。

TECH 1

観察と洞察でバッターと駆け引きする

三振や凡打でアウトにするには、バッターが嫌がるボールを投げることが大切だ。バッティングフォームを観察・洞察し、相手の狙いから外したボールを投げる。そのためには、それまでの自分の経験から相手がどういうタイプなのか分析する必要がある。

TECH 2

どのバッターにどんな投球をしたか記憶する

先発ピッチャーは同じバッターと何度も対戦する。このとき、同じような配球ばかりを繰り返していたらタイミングを合わせられる。試合を通じてトータルで抑えるためには、前の打席でどんなボールを投げたかを記憶し、次の投球の組み立てに活かす能力が必要だ。

TECH 3

覚えきれない場合はノートに書く

全ての投球を頭の中に映像として記憶するのが1番だが覚えきれない場合は、攻守交替してベンチに戻った際にノートに書き記す。このボールを投げたら内野ゴロに打ちとれた、など細かく分析した事例を積み重ねれば、次の試合にも生かすことができる。（記入例はP130参照）

+1《プラスワン》 テクニック

キャッチャーに頼りきらない危険を感じたら首を振る

配球はキャッチャーが決定することが多いが、投げるのはあくまでピッチャー。投げる側だからこそ感じる危険もあるので、キャッチャーに頼りきらず、危ないと感じたら首を振ってサインを拒む。頭を使わないピッチャーは人任せにして打たれてしまうことが多い。

9番目の野手になる

フィールディングを身につける

TECHNIQUE POINT!

1. 守備能力を高める
2. ライナーはできる範囲でキャッチ
3. フライは任せるのが基本

FILE 15

バント処理やベースカバーで九人目の野手になる

ピッチャーの第一の仕事はもちろんピッチングだが、野手の一人でもある。守備を担うために、しっかりとしたフィールディングの技術を身につける必要がある。ピッチャーゴロやフライはもちろん、ライナー性の打球に対して反応することができれば、凡打に打ちとれる可能性がある。

また、バント処理やベースカバーなども重要だ。**守備は野手全員の連動で行うものなので、打球の飛び方や走者の動き方によって正しい位置に動かなければ、とれるアウトをセーフにしてしまう危険がある。**ランナーの有無にかかわらず、あらゆる状況で正確に動けるように、練習に取り組む必要がある。ピッチングがおろそかにならない程度で、フィールディングもバランスよくマスターしよう。

TECH 1

フィールディングの技術を身につける

ゴロやフライの捕球は、野球の基礎となるフィールディング技術だ。全ての選手に必要で、ピッチャーもその例外ではない。ほかのポジションに比べて打球を触る機会は少ないものの、試合で通用するレベルの、実戦的な技術をしっかりと身につけておくべき。

TECH 2

キャッチできる範囲で反応する

ピッチャーライナーは投げ終えた直後のため、反応できる範囲が限られる。グラブをつけている腕側は比較的スムーズにグラブが出せるが、利き腕側は難しい。できる範囲でグラブを伸ばしてキャッチしよう。頭部に飛んできたボールや利き腕側のボールを素手でとりに行くとケガをするので注意。

TECH 3

ピッチャーフライは他の野手に任せる

自分がとらなければアウトにできない場合の小飛球を除いて、ピッチャーフライは他の野手に任せるのが基本。誰がとるフライか指示をして、邪魔にならないように野手の視界から外れることが大切だ。自分がとる場合も大きな声で他の野手を制してからキャッチしよう。

+1《プラスワン》 テクニック

守備に移りやすいフォームで投げる

投球後にバランスを崩してしまうと、フィールディングに移れない。ピンチを招く危険があるので、速やかに守備体勢をとれるバランスの良いフォームで投げよう。軸足に体重の乗ったバランスに優れたフォームが身につけば、ピッチングも向上する。

投手プロフィール

塩見貴洋

1988年9月6日生　帝京第五高等学校卒業

八戸大学（現・八戸学院大学）で4年の春に防御率0.00のリーグ新記録を達成、全日本大学野球選手権大会にかけて55イニング無失点、明治神宮野球大会東北地区決勝でノーヒットノーランと優れた成績を残し、2010年にドラフト1位で東北楽天ゴールデンイーグルスに入団。一年目から初登板で勝利を飾るなど活躍を見せ、パシフィック・リーグ優秀新人賞を受賞する。二年目にはプロ初完投勝利を記録した。

フォークボールの握り

塩見投手の武器は、バッターの手元で変化する変化球。写真はなかでも絶大な威力を発揮するフォークボールの握り。そのほかにスライダーとカーブも得意としており、140km/h前後のストレートと組み合わせて三振の山を築く。

PART 3
理想のフォームを身につける

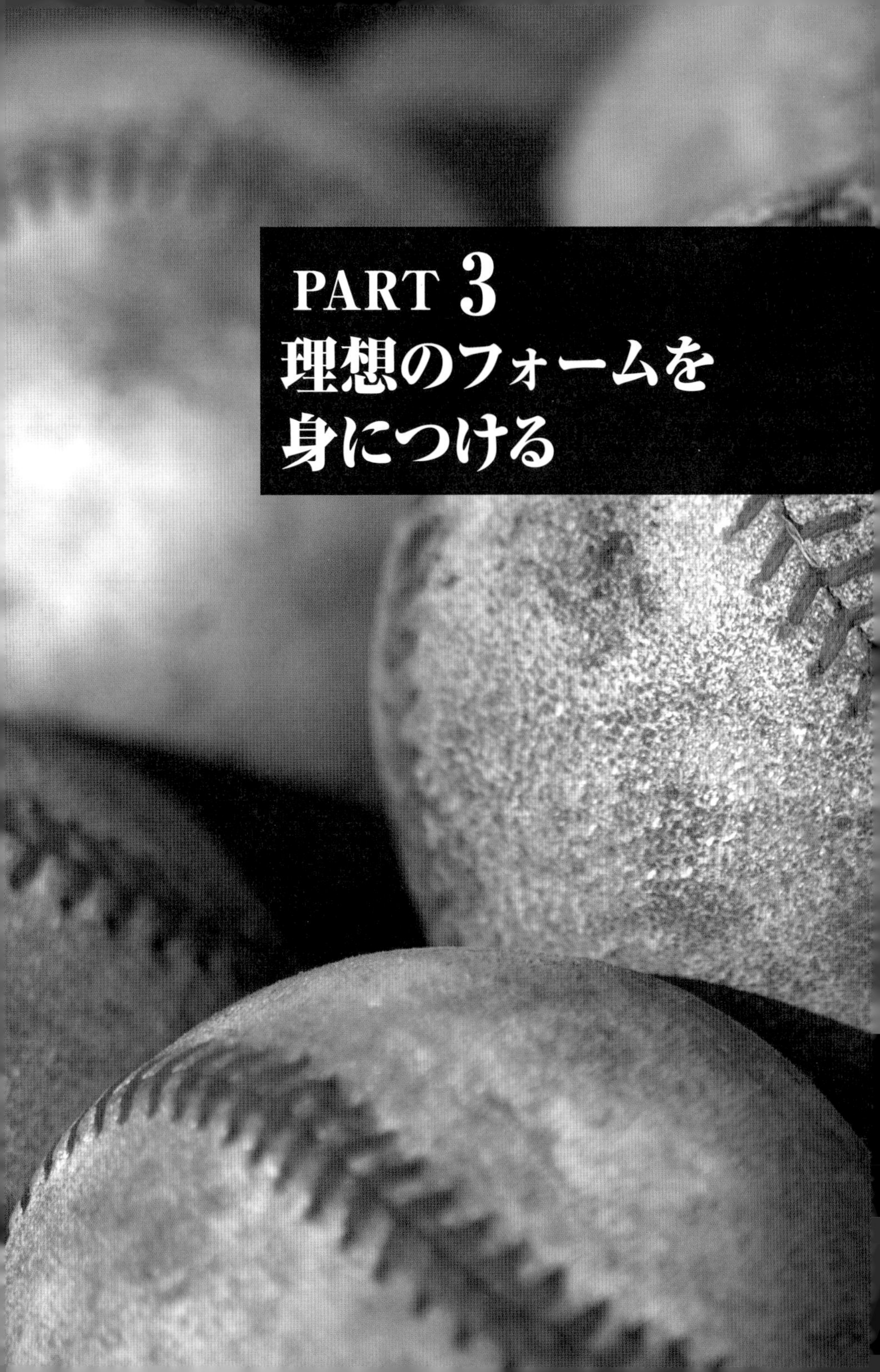

フォーシームの重要性

強い逆回転でスピードをつける

TECHNIQUE POINT!

1. 1周で縫い目が4回通る
2. 4ヶ所に指をかける
3. 親指で支える

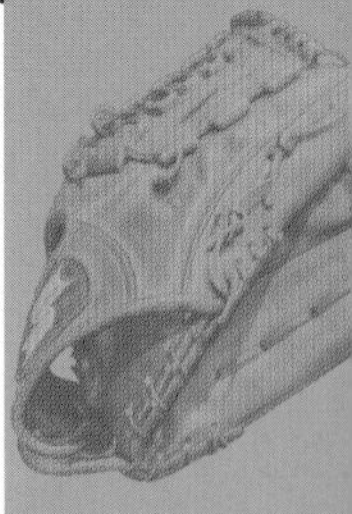

引力に負けない揚力をボールに与える

フォーシームとは、直球（＝ストレート）のことをいう。「シーム」とは縫い目のことであり、人差し指と中指を4ヶ所の縫い目にかけてボールを握る。リリース後は強いバックスピンがかかり規則的な回転でまっすぐボールが進む。**投げたボールは引力によって下へと引っ張られるが、バックスピンをかけることで上に浮かぼうとする揚力がかかり、軌道が直線近くになるのだ。**ホームベースに最短距離で到達する、最もスピードのある球種となる。

　フォーシームはピッチングの基本となるため、たとえ速球派のピッチャーでなくても必ずマスターする球種。フォーシームが投げられなくては、ピッチング自体が組み立てられないのだ。

TECH 1

規則的な回転でまっすぐ飛ぶ

フォーシームがまっすぐ進むのは、ボール１回転につき縫い目が４回通るため。回転における縫い目の数が多ければそれだけ、逆回転の回数が増えて揚力が向上するのだ。フォーシームの４回という回数は、あらゆる球種の中で最も多い数である。

TECH 2

人差し指と中指で4ヶ所の縫い目を抑える

フォーシームは、人差し指と中指が縫い目と直角になるように握る。これにより２指それぞれが、指先と第２関節の辺りで縫い目に触れることになり、合計４ヶ所でかける形となる。これが「フォーシーム」と呼ばれる理由で、リリースで強い逆回転をかけられるようになる。

TECH 3

親指は2指の間に置きボールを支える

親指はボールの下側に置いて、ボールを支える。このとき、人差し指と中指の間に親指がくるように握ることが大切。３指のバランスが良いと逆回転をかけやすくなり、またコントロールも向上する。力を抜いて握ることが大切なポイントだ。

+1《プラスワン》テクニック

2指の間の幅で性質が変化する

人差し指と中指の間は、やや空けて握るのが一般的。ボールをしっかりと支えられるため、コントロールが安定する。反対に間を詰めると、回転をかけやすくなりスピードがあがる。制球重視または球速を重視するかで、フォーシームを使い分けてみよう。

下半身主導で投げる

軸をキープして下半身を安定させる

投球フォームは片足立ちから前方に2ステップし、腕を振り抜いてボールを投げる動作。ボールにしっかりと力を与えるためには、エネルギーをまっすぐキャッチャーのグラブ方向へとかけることが大切だ。そのために重要になるのがバランス。フォームの途中で左右にグラつくなどすると、エネルギーをロスしてコントロールも乱れてしまう。

特に注意したいのが、踏み込み足を持ちあげた片足立ちの姿勢だ。力の源となる体重移動の初期動作となるため、ここでバランスを崩すと力のない投球になる。**軸がまっすぐ通った姿勢で体重移動して、正面に踏み込む**ことができれば、下半身が安定してスピードとパワーを兼ね備えた優れたボールを投げられる。

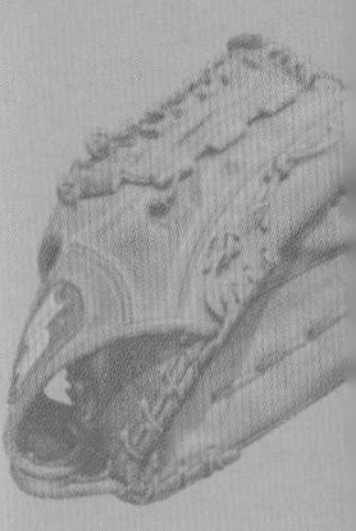

TECHNIQUE POINT!

1 体をまっすぐにする

2 キャッチャーの方向に踏み込む

TECH 1 地面に対して直角の軸を意識する

バランスを保つためには、軸の意識が大切だ。体に1本の軸が通っているイメージを持って、動作を行おう。特に、踏み込み足を持ちあげた際の片足立ちの姿勢では、地面と体が直角になるように動作する。軸足の拇指球に力を込めて、バランスをキープしよう。

TECH 2 正面に足を踏み込み下半身を安定させる

片足立ちからキャッチャーの方向にまっすぐ踏み込み、前へ体重移動する。この体重移動により、下半身で生まれた力が上半身、そしてスイングする腕へと伝達され、ボールの力となる。この踏み込みが左右に乱れると、その力をロスするので注意。

投球フォームの流れ②

ヒジを畳んで投げる

FILE 18

尻から動き ヒジを畳んで投げる

片足立ちの姿勢で軸足に溜めた力をうまく活用するためには、体重移動を尻から行うことが大切だ。片足立ちから、尻を先行させて体を傾ける動作となる。これをヒップファーストといい、かつて多く用いられた肩から動かすショルダーファーストの動作よりも下半身の力を有効活用できるとして、現代のピッチングの主流となっている。ヒップファーストができなくては勢いのあるボールが投げられないといえるほど、重要な動作なのだ。

同様に、投球動作の核といえる腕の振りも追求したい。重要なのはヒジの畳み方で、ねじりあげながらコンパクトに畳み、ボールの出どころを見せないように動作すること。柔軟にしならせながら腕を振る技術が求められる。

TECH 1 尻を先行させるヒップファースト

体重移動では、尻から動作をスタートさせるヒップファーストを徹底する。尻を先行させると軸足がナナメになるが、このときに上半身まで倒してしまうとバランスを崩してしまうので注意が必要。背骨をまっすぐ立てたままの姿勢を、キープすることが重要だ。

TECH 2 ヒジをキレイに畳んで腕を振る

優れた投球をするためには、キレイにヒジを畳む腕の振りが必要不可欠。実践できると、バッターにボールの出どころを見せない優れたフォームになる。また、コンパクトな動作となるため遠心力の影響を抑えることができ、ケガのリスクが軽減される。

PART 3

姿勢

軸を意識してまっすぐ立つ

FILE 19

TECHNIQUE POINT!
1 ツマ先を横向きに踏み変える
2 踏み込み足を持ちあげる
3 腕をあげて振りかぶる
セットポジション
ワインドアップ

踏み込み足をあげ安定を保つ

キャッチャーと正対している状態から、踏み込み足を体が横向きになるように持ちあげる。投球の初期動作で、その後のフォームを決定づけるため非常に重要だ。**この動作で意識するべきはバランスを保つことで、そのためには軸足の拇指球に力を入れることがポイントとなる。**また、動作中に体が前や後ろに体が傾かないように、踏み込み足をスッと自然にあげることも大切なので、意識して行おう。

目線をキャッチャーミットに向けたまま行わなければいけないため、足に意識を向けなくとも動作できるところまで、しっかりとマスターしなければいけない。とはいえいきなり実践するのは難しいので、最初は片足立ちのみに集中して練習しよう。

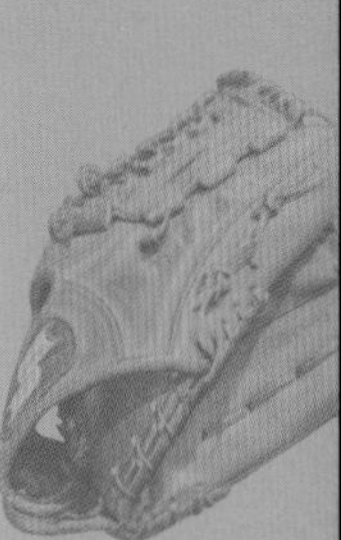

TECH 1

軸足のツマ先を横向きにする

キャッチャーと正対している姿勢から、軸足のツマ先を真横に踏み変える。次の動作で体を横向きにするため、まず準備動作として足の向きを変える必要があるのだ。このとき、踏み込み足を体の前に出して持ちあげることを考え、重心をやや後方に置く。

TECH 2

腰を回しながら踏み込み足をあげる

踏み込み足を体の前側で持ちあげる。そのために、プレートと平行にしていた腰を、直角になるように回す。ヒザを高い位置まで持ちあげられると、体がコンパクトになりその後の動作で勢いをつけやすくなる。前後に傾かないように注意してトライしよう。

TECH 3

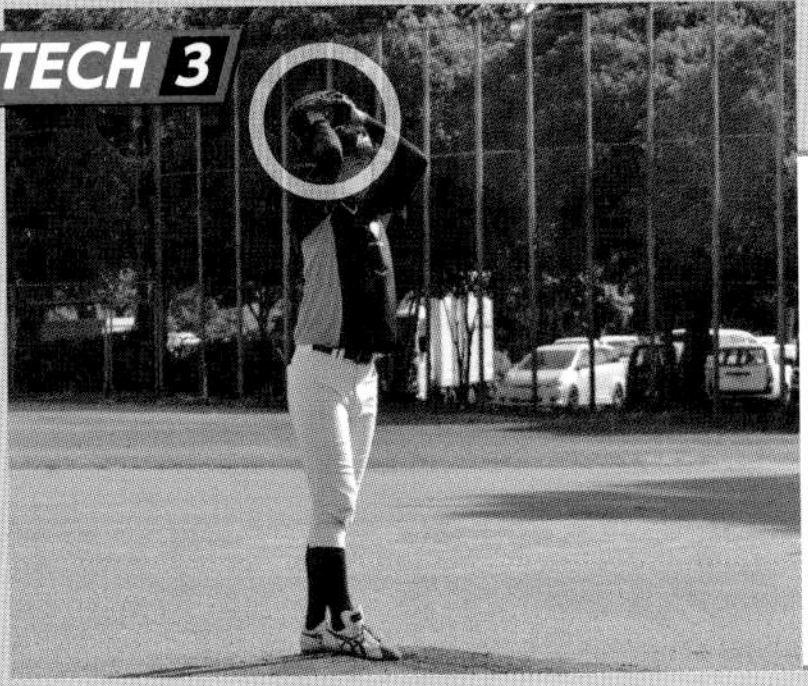

腕を持ちあげて振りかぶる

利き手をグローブの中に入れ、頭上に持ちあげるワインドアップは、この腕の振りかぶりによって投球に勢いが出る。またピッチングフォームにリズムが生まれ、スムーズに動作できるようになる効果もある。オーソドックスな投法のひとつだ。

+1《プラスワン》テクニック

振りかぶりを省略するノーワインドアップ

一般的な腕を振りかぶるワインドアップに対して、ノーワインドアップは腕の振りかぶりを省略したフォームのことだ。両手を胸の前に構えるためコンパクトな動作となり、バランスを維持しやすくなる。また、体力の消費が少ないメリットもある。

軸足立ち

ヒップファーストで体重移動を開始する

FILE 20

TECHNIQUE POINT!

1. 拇指球を使ってバランスキープ
2. 踏み込み足は腰よりやや上にあげる
3. ヒップファーストで動作する

上半身を保ちながら下半身で体重移動

踏み込み足を持ちあげたら、軸足1本で立った状態でキャッチャーに向かって体重移動を開始する。このとき必要になる動作がヒップファーストだ。**これは尻を先行させて体重移動させる動作で、実践できると重心を落として体を移動させることができる。**これは球速やボールの伸びにつながる重要な動作だ。このとき、軸足をやや曲げると強い力を溜めることができる。

体を投げ出すような動きになるが、上半身まで倒してはいけない。全身を前傾させるとバランスが崩れて投球の精度がダウンするので、軸をキープしよう。その際、頭を残す意識を持って動作すると効果的だ。上半身を保てるようになり、また体重移動もスムーズに行えるようになる。

TECH 1

軸足の拇指球に力を入れ 足裏全体でバランスをとる

片足立ちの姿勢では、バランスをキープすることが大切だ。その際に軸足の拇指球に力を入れると、安定しやすくなる。拇指球とは、親指の関節の付け根にある、外側のふくらんだ部位を指す。足裏全体を使いながら、特にこの拇指球を意識して動作しよう。

TECH 2

ヒザはバランスを崩さない 高さにあげる

踏み込み足をあげる動作では、バランスを重視する。高くあげすぎるとバランスが崩れてしまうので、片足で立てる高さにとどめよう。目安は腰よりもやや高い位置となる。まずは目安通りの高さで練習し、取り組む中で自分にとってベストの高さを見つけよう。

TECH 3

尻を先行させて 前に体を加速させる

軸足での片足立ちの姿勢から、前に重心を移動させ徐々に体を前に倒していく。このとき、尻を先行させるヒップファーストで動作する。これによって体に速度がつき、最終的に投球のスピードとパワーにつながる。充分な体重移動を心がけて体を動かそう。

+1《プラスワン》 テクニック

徐々に踏み込み足の ヒザを伸ばしていく

体を倒す動きと連動して、踏み込み足のヒザを伸ばしていく。曲げたままでは、ステップの動作へとスムーズに移行できないのだ。タイミングよく伸ばしていこう。またこのとき、足首は自然に曲げた状態をキープする。これにより、踏み込みやすくなる。

PART 3

ステップ

足を踏み込んで力をためる

FILE 21

TECHNIQUE POINT!

1 グローブを前に出す
2 足裏全体で踏み込む
3 ツマ先を前に向ける

体重移動を受け止め力を上半身に伝達

体重移動しながら、足を踏み込む動作をステップという。**体重移動の力を踏み込んでとめることにより、その力が上半身へと伝達されてボールのパワーに変わる。**ポイントは、足裏全体で踏み下ろすことだ。

ツマ先から踏み込むと体を受けとめきれず、エネルギーをロスしてしまうので注意しなければいけない。また、重心を低くすることも大切だ。軸足のヒザが地面スレスレの位置にくるまで、体を低く落とせるように動作しよう。

ステップでは、足が内側に入るインステップや外側に出るアウトステップのミスをしやすい。しっかり正面に踏み込めるように、動作をマスターすることが大切だ。

TECH 1

グローブを前に出し体の開きを抑える

腕はグローブを前に出し、ボールを持つ腕は後方に振って投球の準備に入る。グローブを装着した腕を前に出す際は、肩の延長線上に伸ばす意識で動作する。これによって肩の位置がキープされ、体の開きを抑えることができる。

TECH 2

カカトから下ろす意識で足裏全体を使って着地

踏み込み足の着地は、足裏全体で行う。しかしピタッと着地するのは難しく、意識しすぎるとかえって動作がぎこちなくなる。スムーズに踏み込むポイントは、カカトから下ろす意識を持つこと。これにより、しっかりと体重を受け止められるようになる。

TECH 3

ツマ先をまっすぐキャッチャーミットに向ける

踏み込む際、ツマ先はボールを投げる方向、すなわちキャッチャーミットに向ける。これにより、ボールを正確にコントロールできるようになる。また、ヒザも同じ方向に向ける。全身を連動させて前に力をかけられると、ロスなくボールにパワーを与えられる。

+1《プラスワン》テクニック

ステップ幅は広めにとることが基本

踏み込み足と軸足の距離をステップ幅という。広ければそれだけ体重移動の幅が長くなるため、広めが基本だ。目安は5足半から6足半となる。しかし、あえて短くしてボールを投げ下ろすなど、身体的特徴や投球の狙いによって幅を変える場合もある。

トップ

ヒジを畳みコンパクトに腕を振る

TECHNIQUE POINT!

1 ヒジを後方に振りあげる
2 頭の横にヒジを持ちあげる
3 腰を回して体を開く

ヒジを先行させて振り 腰を回転させる

体重移動と連動してボールを持つ腕を後方に引き、ヒジを肩の高さにあげる。この動作をテイクバックといい、腕をあげた形からステップに合わせてヒジを頭上に持ちあげる動作をトップという。リリースに向けて、腕をスイングさせる投球の核となる動作だ。**ポイントは、テイクバックからヒジを内側に捻りあげること。ここから後方に引いたボールを、ヒジを先行させて振る動作となる。**これをうまく実践できると、バッターから見てボールの位置が隠れて、出どころを見せずにリリースに持ち込める。

またトップでは、腰を回す動作も同時に行う。ヒジを捻りあげる動きと連動して、体の正面がキャッチャーミットと正対するように、体軸を回転させよう。

FILE 22

TECH 1

肩をあげて テイクバックをとる

片足立ちの体重移動の動作で、体を体重移動させると同時に、ボールを持つ腕を後方に引く。この動作をテイクバックといい、ヒジを肩と同じ高さにあげることがポイント。両肩の頂点と、利き腕のヒジまでが一本のラインになるように意識すると良い。

TECH 2

ヒジを内捻させて 持ちあげる

ステップに合わせて、テイクバックからヒジを持ちあげるトップの動作に入る。このとき、腕全体を内側に捻って動作するとスムーズに持ちあげることができる。これを「内捻」といい、トップで肩とヒジが正しい位置に収まる投球フォームを実践するために必要不可欠な動作となる。

TECH 3

体の軸を回転させ 正面を向く

トップの動作でヒジをあげると同時に、腰を回転させて体を正面に向ける。ボールを持つ二の腕が頭の横を通過するタイミングに合わせて行うことが大切で、ズレがあるとエネルギーをロスしてしまう。なお、グローブを持つ腕は畳んで体にぴったりつける。

+1《プラスワン》 テクニック

ボールを頭の 後ろに隠す

トップではヒジを畳み、ボールが頭の後方に位置するように動作する。これにより、ピッチャーと正対するバッターはボールを見失い、出どころを見極められなくなる。コンパクトなトップをマスターして、打たれにくい投球フォームを手に入れよう。

PART 3

リリース

腕の振りと軸回転でボールに力を与える

FILE 23

TECHNIQUE POINT!

1 前に重心移動する
2 重心が乗ったところで投げる
3 ヒジを先行させて腕をしならせる

全身の力を手に集め力強く投げる

リリースは、トップの位置からから腕を振ってボールを離すまでの動作のことをいう。畳んだヒジを伸ばし、速い振りでボールに力を与える。このとき重要になるのが、リリースポイント。ボールを離す位置のことをいい、ボールが体から離れず畳んだ腕をキープすることでバッターはボールの出どころをつかみにくくなり、タイミングをズラしやすい。

またリリースは腕のみで行う動作ではなく、軸回転も利用する。**トップで開いた体を勢いそのままにさらに回転させ、腕の振りに加えて捻る力もボールに与える。**この2つの力をうまく連動させてボールに乗せることが、優れた投球を繰り出すためのポイントだ。当然ながら、この実践のためには下半身の安定が必須となる。

TECH 1

足を踏み込んで前に重心を移動する

ステップして足を踏み込んだトップから、前に重心を移動させる。踏み込み足に体重が乗るので、ヒザを曲げてしっかりと受け止めることが大切だ。ヒザを柔軟に使うことはもちろん、下半身の筋力を鍛えることも踏み込みを安定させる重要なポイントとなる。

TECH 2

踏み込み足に体重を乗せてリリース

踏み込み足に体重が乗ったところで、腕を振ってリリースする。しかし完全に乗ったタイミングでは遅すぎて、かえって投球の力が失われる。前後の足で重心が 7:3 ぐらいをイメージしてリリースポイントの目安とする。意識して自分なりの理想のリリースポイントを探そう。

TECH 3

ヒジを先行させて腕をしならせる

トップからヒジを先行させて、腕をしならせ前方に振る。全身で作った力を手に集め、最も強く発揮できる位置で手首を返し、ボールに回転をかける。動作中にバランスを崩したり、軸回転とのタイミングにズレが生じると、うまく力を乗せることができない。

+1《プラスワン》 テクニック

手が体から離れると故障の危険がある

腕を振ると遠心力がかかり、外に引っ張られて手が体が離れる。これはコントロールが定まらない上、肩への負担が大きく、ケガのしやすいフォーム。ヒジをキレイに畳めていないことが主な原因なので、改めて自分の振りを確認しよう。

フィニッシュ

腕を振り切ってバランスをとる

TECHNIQUE POINT!

1. 安定を保ってフォロースルー
2. 肩のラインを大きく回す
3. 投球とバッターを観察する

肩を入れ替えて投球の力を逃がす

リリースでボールを離したら、腕を振り切る動作を行う。これをフィニッシュといい、フォロースルーと呼ぶこともある。ボールを離したあとの動作であるため、投球の精度に直接的に関係しないが、腕を振り切るところまでを一連の動作として身につけなければフォームが不完全なものになってしまうので、しっかりマスターするべき。バントをされた場合など野手として守備を担うためにも、バランスのとれたフィニッシュは必要不可欠だ。また、**右肩を大きく回すことで、力を逃して体にかかる負担やスタミナの消耗を軽減できる。**

バッターの観察をすることも大切。スイングの軌道を見極めることができれば、次からの投球に活かせる有益な情報となる。

FILE 24

TECH 1

バランスを崩さず腕を振り切る

ボールをリリースしたら、その勢いのまま腕を対角へとナナメに振り切る。このとき、軸足を持ちあげて体のバランスをとる。踏み込み足１本で立つ姿勢でバランスをキープできれば、コントロールも安定する。また投球を打たれた場合にもすぐに野手となり守備を担うことができる。

TECH 2

肩を入れ替えて負担を軽減する

フィニッシュでは利き腕の肩を大きく前に突き出し、逆側の肩を後方に引く。肩のラインが初期姿勢から半転するこの動作を肩の入れ替えといい、腕の振りと連動して行う。このときヒザのクッションと肩の入れ替えで、全力を発揮して行う投球動作によってかかる体への負担を軽減できる。

TECH 3

バッターから目を離さずスイングの軌道を見る

フィニッシュの動作中も、目線はバッターから離さない。投球の行方を見て自分のイメージ通りのボールを投げられたかチェックし、またバッターの対応もしっかりと見る。バッターが振った場合には、スイング軌道を確認して次からの投球に活かす。

+1《プラスワン》 テクニック

フィニッシュでフォームの乱れをチェック

正しいフォームを実践できていれば、フィニッシュで手の軌道と目線の先にあるキャッチャーミットが重なる。ちゃんと重なっているか、チェックしよう。また試合中などは、疲れからフォームが崩れる場合もあるので、コントロールが乱れた場面で確認しよう。

ネットピッチングに取り組む

TECHNIQUE POINT!
1 ネットに投球する
2 的を貼り付ける
3 ガイドを置く

キャッチャーなしで投げられる練習法

投球フォームの完成、追求のためにはより多くボールを投げることが大切。しかしチームで練習できる時間は限られているため、納得できるまで投げられないときもあるだろう。その場合にオススメの練習法がネットピッチングだ。その名の通りネットに向かってボールを投げる練習で、キャッチャーがいなくてもボールを投げることができる。専用の器具が販売されているが、投球の勢いを吸収できるものであれば、専用のものでなくても構わない。自分なりに工夫して、練習設備を整えよう。

　ポイントは、**ただ投げるのではなく目標を明確にすること。ネットに的を貼り付けて行うと良いだろう。**その際、ちゃんとその正面に立つことが重要だ。

TECH 1

ネットに向かって ボールを投げる

正面にネットを置き、ボールを投げる練習がネットピッチングだ。実戦と同じレベルで投げたいのであれば、しっかり距離をはかる必要があるが、調整やフォームの確認程度であればそこまで厳密にする必要はない。練習の目的に応じて取り組み方を変えよう。

TECH 2

的を貼り付けると 有効な練習になる

漫然とネットに投げつけるばかりでは、有効な練習にならない。ストライクゾーンの位置に的を貼り付けて、その目標に向けてボールを投げよう。ストレートばかりでなく、変化球を使って的中させるなど、テーマを持って取り組めば、より効果的な練習になる。

TECH 3

棒を置いて ガイドにする

体の軸やステップでツマ足を向ける方向などを明確にするために、自分とネットの間にガイドとなる直線のラインを置こう。ラインには練習で使う棒を用いても良いし、テープや可能ならば白線を引いても良い。自分の周りにある道具を活用しよう。

+1《プラスワン》 テクニック

投げすぎに注意 肩に疲労を溜め込まない

自主練習はストップをかける人がおらず、投げすぎてしまうことがあるので注意。練習に夢中になることはいいが、肩を酷使すると疲労が溜まって故障するリスクがある。あくまでキャッチャー相手に投げる練習の補完と考えよう。投げ終えたらクールダウンを必ず行う。

棒を担いで投球動作をする

ステップを踏み込んだら下半身主導で動作する

実際にボールを投げなくても、投球動作をマスターする練習はある。その代表例がシャドーピッチングだが、ここでは「棒」を使ったシャドーピッチングで正しいフォームの流れをより意識することができる。

両腕を広げた長さがある棒を首の後ろで担いでしっかり両手で握る。棒を持っているので振りかぶったり、ワインドアップはできないが、軸足立ちから前足をステップして踏み込んだところから、投球動作をスタートする。

腕が自由に使えないので、下半身主導で動作せざるを得ず、オーバースローなら棒と腰は縦に振り、スリークォーターやサイドスローは横振りになる。リリース時にはスタート時の構えから肩の入れ替えが行われ、バッターに近い位置でボールを離す感覚が身に付く。

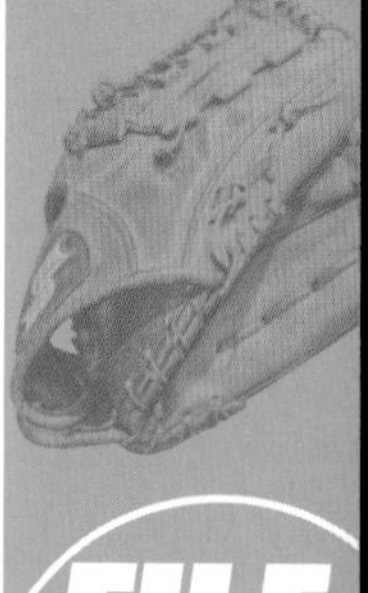

TECHNIQUE POINT!

1 リリース時に前と後ろの肩を入れ替える

2 リリースはよりバッターに近いところで離す

TECH 1 リリース時に前と後ろの肩を入れ替える

動作スタートの構えではグラブを持つ側の方が前、ボールを持つ側の肩は後ろにある。この位置関係がリリースでは入れかわることが正しい投球動作のメカニズムだ。肩を入れかえるためには、下半身の重心移動を行いつつ、上半身のねじりのパワーに変えていくことがポイント。

TECH 2 リリースはよりバッターに近いところで離す

肩・ヒジの負担を考えて、コンパクトに腕を振ることばかりを考えているとリリースポイントが近くなりすぎる。よりバッター側に近く、最も力が伝えられる位置が理想のリリースポイントだ。自分の正しいリリースポイントを把握し、そこに導くための動作を確認しつつ、シャドーピッチングを行おう。

PART 3

練習法③

リリースに最大の力を伝える

TECHNIQUE POINT!

1 リリース感覚は投球以外の練習でも養える

2 スナップを使ってボールを切るように離す

スナップを使って ボールを切る

リリースは下半身主導で生まれたパワーを上半身をねじり、そして腕の振りにして力を伝え、ボールを離す瞬間に爆発させることが大切だ。ストレートを投げる場合は、ボールの縫い目に指をかけ、バックスピンをかけることで速く、キレのあるボールを投げることができる。

この指先のリリース感覚は、投球動作を行わなくても養うことができる。ボールをしっかり握り、スナップの力だけで前方にボールを投げてみよう。専用のトレーニング器具（写真・ユビ丸）を使ったり、壁に向けてボールを投げたり、寝転んで天井に向けて投げるなどの練習方法はある。

回転がより多くなるよう意識してボールを切る動作ができるようになれば、理想的なリリースが身につく。

FILE 27

PART 4
投球フォームに必要な筋肉を身につける

PART 4

筋力トレーニングに取り組むポイント

下半身を中心に筋肉を身につける

TECHNIQUE POINT!

1 下半身を強化する
2 道具を用いて鍛える
3 回数は筋肉量に合わせる

インナーマッスルを意識してトレーニングに取り組む

優れたパフォーマンスのために重要になるのは、地面からの反力。人間は柔らかい地面では力を出せないが、硬ければ全力を出せる。それだけ地面からの影響が大きいのだ。そのため、地面と接している下半身の強化が必須となる。**このときポイントになるのが、股関節の深部にあるインナーマッスルを強化すること。これにより下半身主導の大きな力が出力され、反力を利用しやすくなる。**

加えて、投球に必要不可欠な筋肉のトレーニングにも取り組む。その際には、投球動作に近いトレーニングが効果的だ。肩やヒジを酷使することなくフォームを固めよう。

FILE 28

TECH 1

地面反力に密接な下半身を中心に鍛える

砂浜とグラウンドでは、走ってスピードが出るのは圧倒的に後者。それだけ人間は地面から力を得ている。この力を地面反力といい、その発揮のためには強い下半身が必要不可欠。インナーマッスルに優れ、バランスの安定した下半身をトレーニングで得よう。

TECH 2

バランスボールやパッドでトレーニングをより有効に

アンバランスな状況は、インナーマッスルを鍛えるために適している。そのため、バランスボールとバランスパッドを用いることで、トレーニングがより有効になる。また、重量のあるボールとゴムも、トレーニングに必要な道具なので準備しよう。

TECH 3

筋肉量に応じて回数を決める

トレーニングは、限界を感じるまで行うのが最も効果的。そのため、筋肉量によって取り組むべき回数が異なる。一種目に対して、まずは10回程度でウォーミングアップし、次にフォームを維持できないというところまで続けよう。それがトレーニングの適正回数の目安だ。

+1《プラスワン》 テクニック

トレーニングメニューに走り込みの要素を加える

体力消費の激しい投球動作を繰り返すピッチャーは、下半身のスタミナがなければ務まらない。ランニングやダッシュなどの走り込みに加え、有酸素運動と筋力トレーニングを合わせたトレーニングも効果的。取り組むことで、股関節の筋肉のパワーを高める効果もある。

バランスボールを使って鍛える

TECH 1 バランスボールを持ちあげて腰を落とす

スクワットに取り組み、股関節を鍛えよう。スクワットはモモの筋肉に働きかけるトレーニングだが、足幅を広くとることで内転筋など股関節周辺にある筋肉を鍛えられるようになる。さらにボールを持つことで負荷があがり、トレーニング効果がアップする。

両足を大きく開いて立つ。このとき、ツマ先をナナメ外側に向ける。両手でバランスボールをつかみ、頭の真上に持ちあげる。

ヒザを角度が直角になるまで、深く曲げる。曲げる際、ツマ先とヒザを同じ方向に向ける。

POINT
ヒザがツマ先より前に出ないように動作する。尻を後ろに突き出す意識でトレーニングしよう。

TECH 2 足をバランスボールに乗せスライドさせる

バランスボールを使った腕立て伏せで、体幹の筋肉を鍛える。腕立て伏せの姿勢をとり、足をバランスボールの上に乗せて、腕の力で体を後方に動かすことで、上半身の筋肉に働きかけられる。特に腹筋に効果的なので、腹を意識して取り組もう。

両腕を床につけ、ヒジを伸ばす。両足を揃えて後方に伸ばし、ボールの中心がスネのあたりにくるように足を乗せる。

腕に力を入れ、体を後方に押す。体が指先までまっすぐ一直線になるように動作することがポイント。

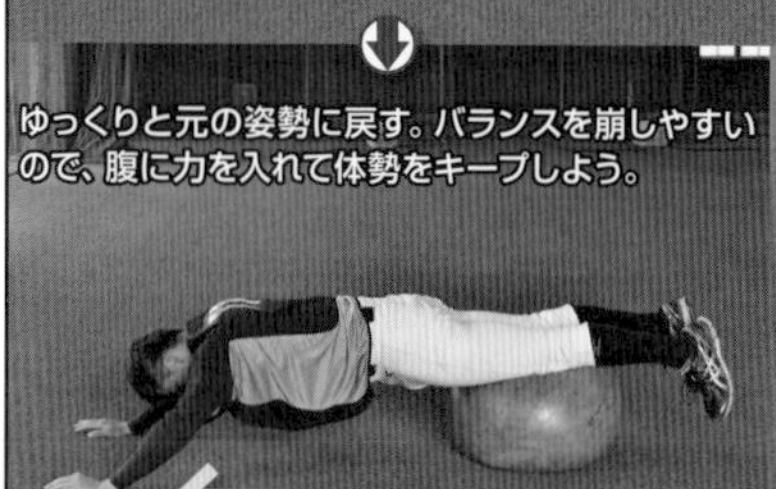
ゆっくりと元の姿勢に戻す。バランスを崩しやすいので、腹に力を入れて体勢をキープしよう。

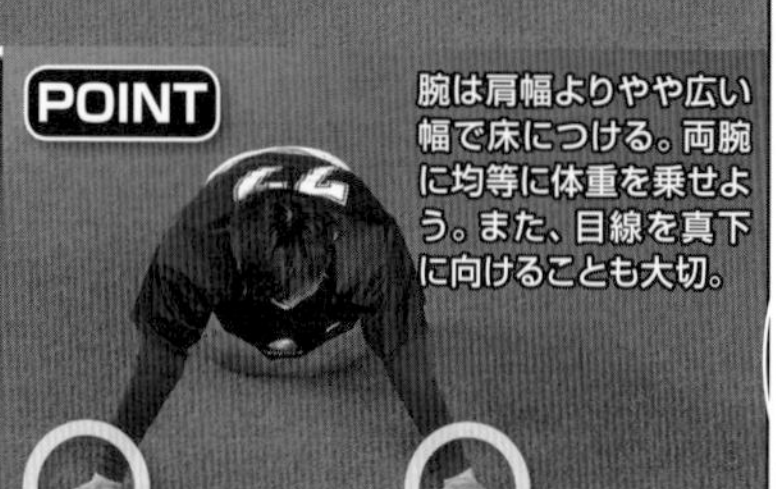
POINT
腕は肩幅よりやや広い幅で床につける。両腕に均等に体重を乗せよう。また、目線を真下に向けることも大切。

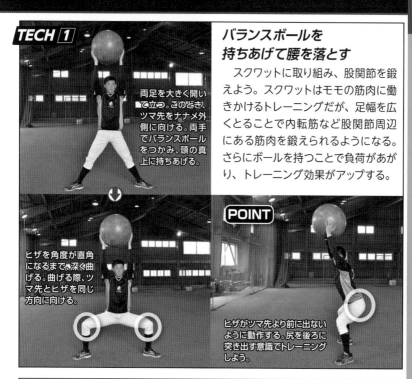

TECH 3 バランスボールを行き来させる

腹筋運動は、バランスボールを使うとより効果的なトレーニングになる。体を開いた状態から、上半身と下半身を閉じるように密着させ、ボールを受け渡す運動に取り組み、腹筋に強い負荷をかけよう。かなりハードなので、限界を見極めて取り組むことが大切。

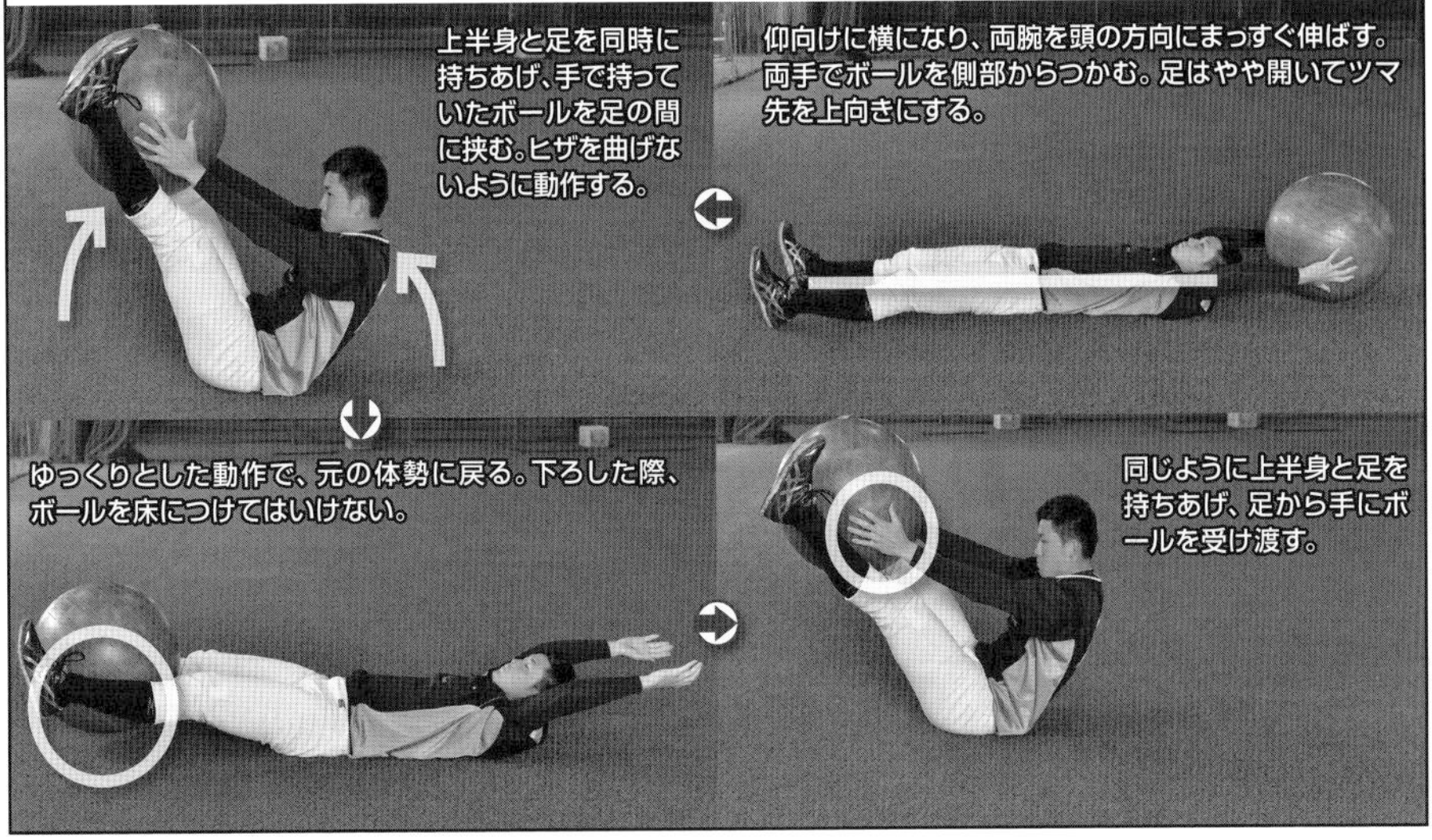

仰向けに横になり、両腕を頭の方向にまっすぐ伸ばす。両手でボールを側部からつかむ。足はやや開いてツマ先を上向きにする。

上半身と足を同時に持ちあげ、手で持っていたボールを足の間に挟む。ヒザを曲げないように動作する。

ゆっくりとした動作で、元の体勢に戻る。下ろした際、ボールを床につけてはいけない。

同じように上半身と足を持ちあげ、足から手にボールを受け渡す。

TECH 4 バランスボールに座り球を持ちあげる

バランスボールと重量のある球を同時に使い、股関節と腹筋を鍛える。2ヶ所を同時に鍛えられる効果的なトレーニングだ。これらの筋肉が強くなると、体を支える力が得られ、ピッチングの安定感がアップする。腕が下がらないように注意して取り組もう。

バランスボールに尻をつけて座る。このとき、股を大きく開いてツマ先を外側に向ける。次に両手で球を持ち、腕をまっすぐ上に伸ばしてあげる。

股関節を使って、円を描くように尻を回す。下半身を動かすと上半身が倒れやすくなるが、初期姿勢のままの形をキープすることが大切だ。

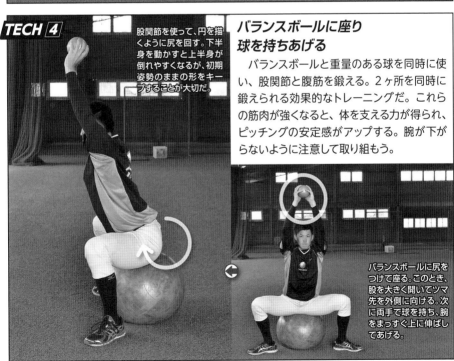

重い球を使うトレーニングに取り組む

FILE 30

TECH 1 2kgの球を思い切り叩きつける

背筋は、重量のある球を使ってトレーニングする。2kgの球を用意し、大きく振りかぶって床に叩きつけよう。全身を使った動作となるため、かなりの力がボールに加わる。床を傷つけないように、ショックを吸収できる保護マットを敷くと良いだろう。

マットの前に、足を肩幅の倍程度広げて立ち、両手で球を持つ。ヒザを曲げて重心を落とし、腕をダランと垂らす。

球を後ろに大きく振りかぶる。曲げていたヒザを伸ばし、体を開く。腕はヒジを曲げて、球を背中まで振りかぶる。

腕を最高点から思い切りスイングして、球を床に叩きつける。

POINT
初期姿勢で充分に腰を落とすことがポイントだ。ヒザを直角に曲げるイメージを持とう。

TECH 2 球を利き手で強く叩きつける

投げる動作で重要な、手首のスナップをトレーニングで強化しよう。筋力がアップすれば、スピードアップはもちろんコントロールの精度も向上する。やり方を間違うとヒジに負担がかかる場合があるので、正しい方法をしっかりと把握してから取り組もう。

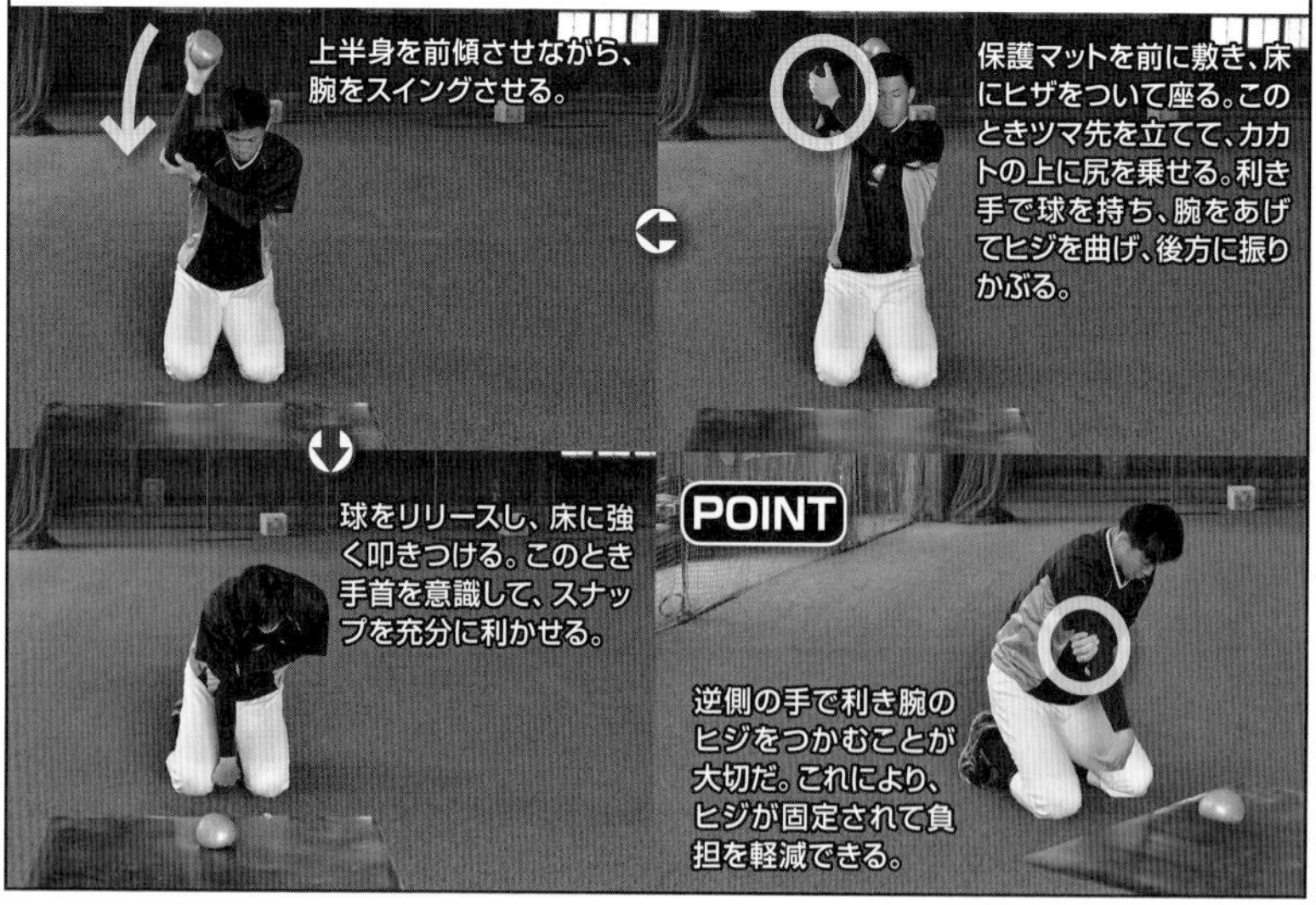
保護マットを前に敷き、床にヒザをついて座る。このときツマ先を立てて、カカトの上に尻を乗せる。利き手で球を持ち、腕をあげてヒジを曲げ、後方に振りかぶる。

上半身を前傾させながら、腕をスイングさせる。

球をリリースし、床に強く叩きつける。このとき手首を意識して、スナップを充分に利かせる。

POINT
逆側の手で利き腕のヒジをつかむことが大切だ。これにより、ヒジが固定されて負担を軽減できる。

TECH 1 片ヒザをついて球をナナメにスイング

ピッチングの腕のスイングに似た動作で、上半身と下半身を複合的に鍛えよう。球を両手で持ってナナメに振ることで、体幹全体に働きかけることができる。また、片ヒザをついてバランスをとることで、下半身、特にモモの筋肉を表裏ともに強化できる。

片方のヒザを床につけ、もう一方は足をつけてヒザを立てる。上半身は背すじを伸ばし、両腕で球を持って正面に突き出す。

腕を伸ばした状態で、立てているヒザの方向へ球をナナメに振る。球を腰の横まで大きくスイングさせよう。

スイングしたら、球を元の位置に戻す。逆側も同様に行う。

POINT
スイングする方向を変えるだけでなく、立てるヒザもスイッチして行う。

TECH 2 ダンベルを持って真上にジャンプする

下半身の強化には、ジャンプ運動が有効だ。加えて、ダンベルを持って行うことで負荷がアップし、より効果的なトレーニングになる。ただ、重さが増せば着地時の負担も高まるので、ヒザをやわらかく使ってショックを吸収する必要がある。

両足を肩幅の倍程度に広げて立ち、ヒザを直角に曲げて腰を落とす。このとき、両足のツマ先を外側に向ける。両手でダンベルの端を持ち、両腕をダランと下に垂らす。

曲げたヒザを伸ばして、真上に高くジャンプする。

ヒザを充分に曲げて、着地する。

POINT
このトレーニングでは、準備からジャンプ、着地に至るまで背すじをまっすぐにしたまま保つことが大切だ。

バランス力を鍛える

TECH 1 ボールを持って片足立ちをキープ

利き足での片足立ちは投球を決定づける重要な動作なので、重点的なトレーニングが必要だ。バランスパットの上にバランスボールを持って乗り、体の軸をまっすぐキープしよう。体の深部にあるインナーマッスルが鍛えられ、バランスキープの力が高まる。

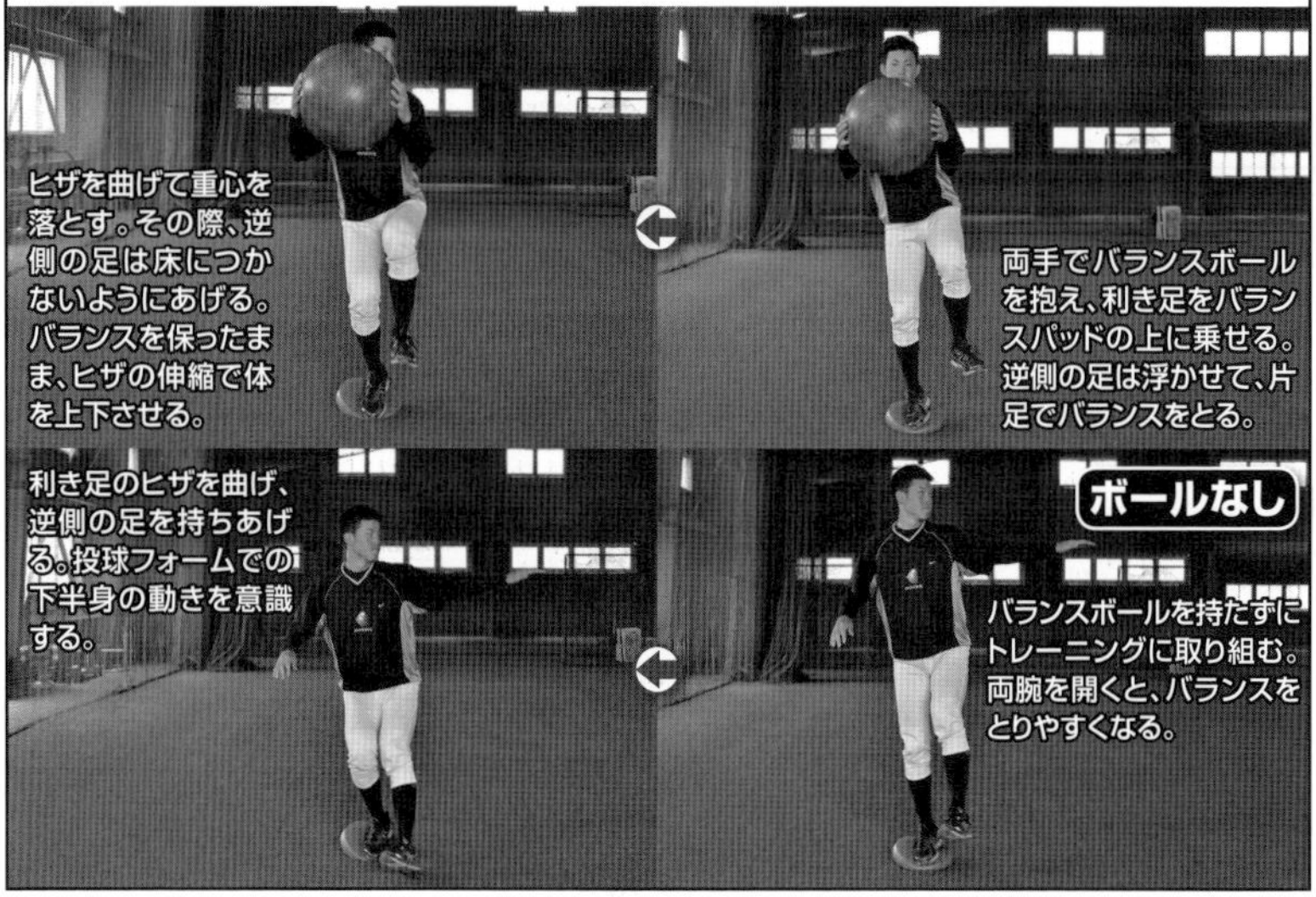
両手でバランスボールを抱え、利き足をバランスパッドの上に乗せる。逆側の足は浮かせて、片足でバランスをとる。

ヒザを曲げて重心を落とす。その際、逆側の足は床につかないようにあげる。バランスを保ったまま、ヒザの伸縮で体を上下させる。

利き足のヒザを曲げ、逆側の足を持ちあげる。投球フォームでの下半身の動きを意識する。

ボールなし
バランスボールを持たずにトレーニングに取り組む。両腕を開くと、バランスをとりやすくなる。

TECH 2 バランスパッドの上で投球フォームを行う

投球フォームは、片足立ちから前に踏み込み、一気に重心移動するアンバランスな動作。その動きの中でも軸をキープできるバランスの力が必要不可欠だ。そのために、バランスパッドを用いたトレーニングに取り組もう。フォームの安定感がアップするだろう。

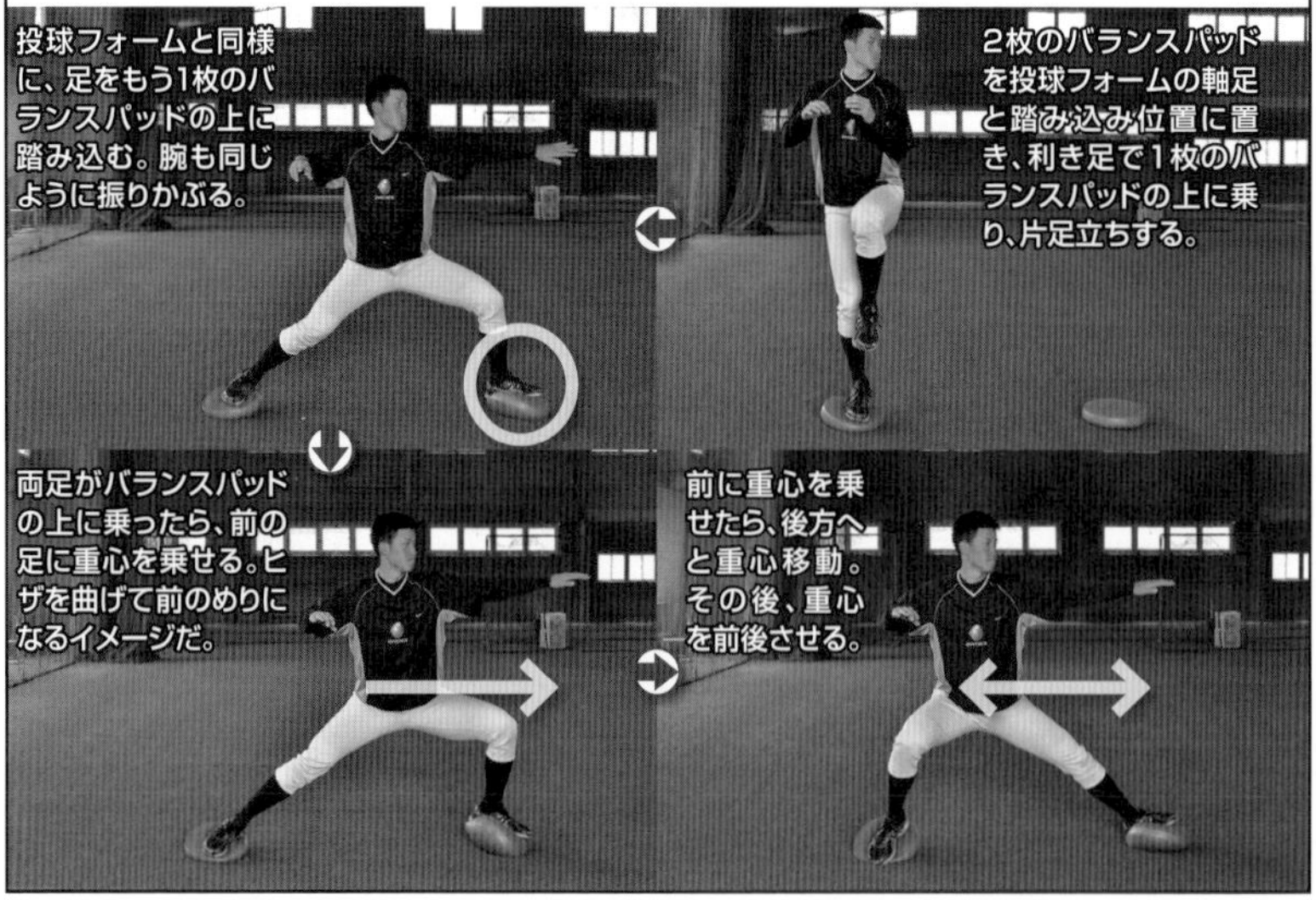
2枚のバランスパッドを投球フォームの軸足と踏み込み位置に置き、利き足で1枚のバランスパッドの上に乗り、片足立ちする。
投球フォームと同様に、足をもう1枚のバランスパッドの上に踏み込む。腕も同じように振りかぶる。
両足がバランスパッドの上に乗ったら、前の足に重心を乗せる。ヒザを曲げて前のめりになるイメージだ。
前に重心を乗せたら、後方へと重心移動。その後、重心を前後させる。

FILE 32

FILE 33

ランジトレーニング（下半身）

腰を落とすトレーニングに取り組む

TECH 1 片方の足を踏み込み棒を持って前進する

足を前後に開いて腰を落とすランジトレーニングは、下半身の強化に有効。その効果をさらに高めるために、棒とゴムを用いて取り組もう。肩に棒を乗せて両足にゴム（※パワーレックス）をつけることで、負荷を増すことができる。なお、ゴムは女性用ストッキングでも代用可能。

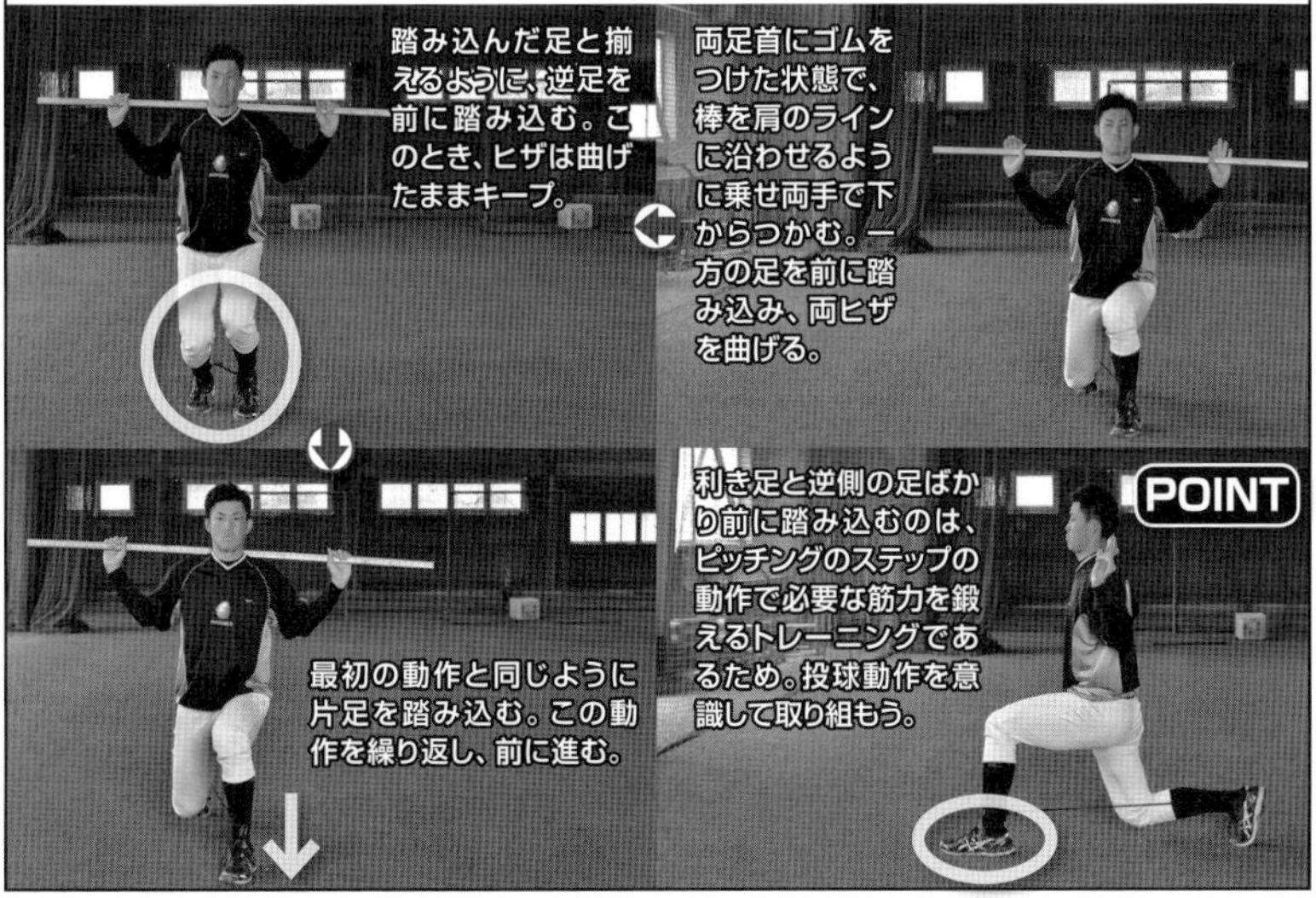
両足首にゴムをつけた状態で、棒を肩のラインに沿わせるように乗せ両手で下からつかむ。一方の足を前に踏み込み、両ヒザを曲げる。

踏み込んだ足と揃えるように、逆足を前に踏み込む。このとき、ヒザは曲げたままキープ。

最初の動作と同じように片足を踏み込む。この動作を繰り返し、前に進む。

POINT
利き足と逆側の足ばかり前に踏み込むのは、ピッチングのステップの動作で必要な筋力を鍛えるトレーニングであるため。投球動作を意識して取り組もう。

TECH 2 ランジの姿勢で体を左右前後に動かす

上半身と下半身を同時に鍛えるトレーニングに取り組もう。ランジの姿勢でモモの筋肉に働きかけつつ、上半身も動かして体幹の筋肉を鍛える。

逆側も同様にスイングする。肩のラインを直角に回すようなイメージで動作する。

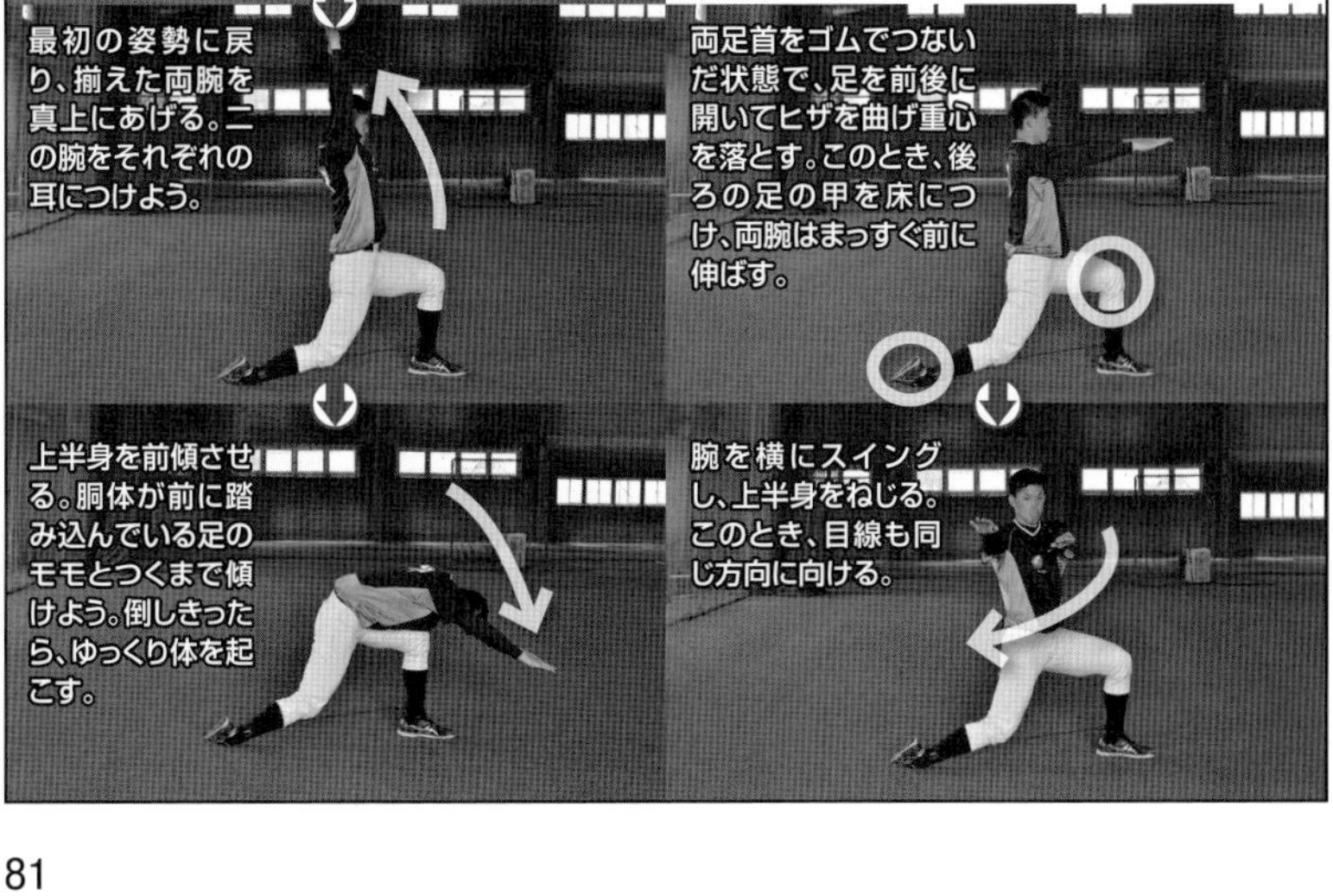
両足首をゴムでつないだ状態で、足を前後に開いてヒザを曲げ重心を落とす。このとき、後ろの足の甲を床につけ、両腕はまっすぐ前に伸ばす。
腕を横にスイングし、上半身をねじる。このとき、目線も同じ方向に向ける。
上半身を前傾させる。胴体が前に踏み込んでいる足のモモとつくまで傾けよう。倒しきったら、ゆっくり体を起こす。
最初の姿勢に戻り、揃えた両腕を真上にあげる。二の腕をそれぞれの耳につけよう。

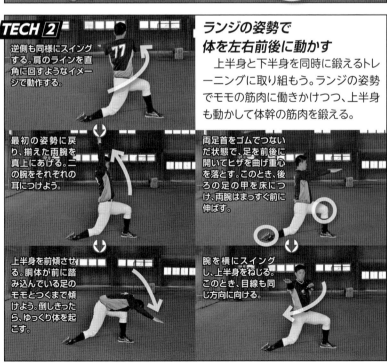

ゴムを足首につけて鍛える

パワーレックス（下半身）

FILE 34

TECH 1

両足首をゴムでつなぎ、仰向けになる。肩と両足をあげ、手は腹に乗せる。足はぴったりと揃え、ヒザを伸ばしまっすぐにする。
両足を左右に開き、開ききったところで元のように閉じる。

仰向けで足を開閉するパワーレックス

仰向けの姿勢で背中と足を持ちあげると、腹筋を広範囲鍛えることができる。このトレーニングではさらに、パワーレックスを装着する。ゴムをつけた両足を開閉することで、下半身も鍛えられるのだ。複合的に鍛えるトレーニングに取り組み、筋力を高めよう。

TECH 2

足を前後に振るパワーレックス

ゴムで両足をつなぎ、一方の足を持ちあげて前後に振る。これにより、足を開く、出す、引くという3つの動作で使う筋肉を同時に鍛えられる。速い動作ではトレーニング効果が減少するので、ゆっくりと行うことが大切だ。

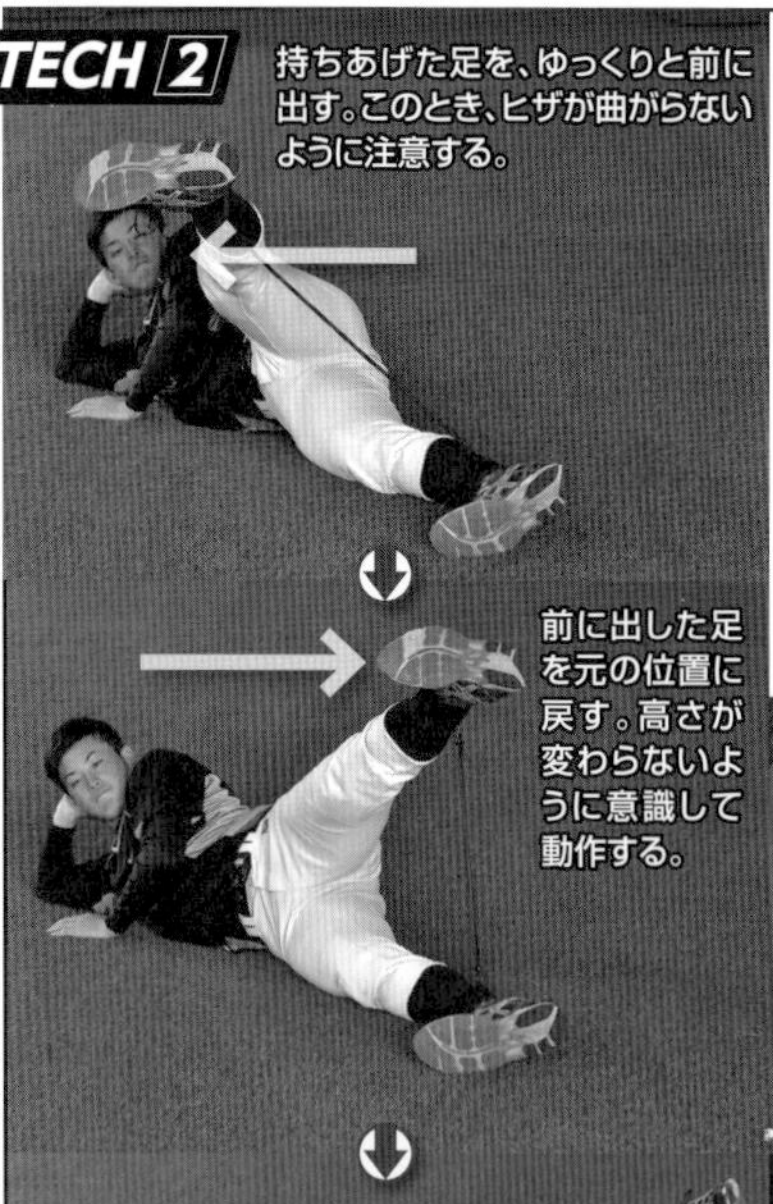
持ちあげた足を、ゆっくりと前に出す。このとき、ヒザが曲がらないように注意する。
前に出した足を元の位置に戻す。高さが変わらないように意識して動作する。
足を後ろに振る。この足の前後動を繰り返す。逆側も同様に行う。

両足をゴムでつないだ状態で、体の一方の側部を下にして横になる。このとき、体を足までまっすぐ伸ばす。
上になっている足を、大きく持ちあげる。

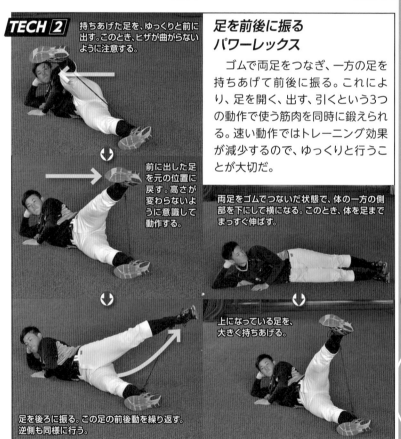

TECH 3

背すじを伸ばしたまま動作することがポイント。

片足を浮かせて前に踏み込み、左右交互に行って前に進む。

両足首にゴムをつけ、両足を肩幅の倍程度開いて立ち、ヒザを直角に曲げて腰を深く落とす。

腰を落とした状態でゆっくりと前に進む

両足首にゴムをつけて、スクワットのように腰を落とし、足を動かして前に進む。これにより、モモの筋肉と股関節周りを鍛えることができる。腰があがると効果が減少するので、低い位置をキープしよう。

TECH 4

後ろが気になるが、視線は前に向けたままキープ。

片足を浮かせて後ろに踏み込み、左右交互に行ってゆっくり後退する。

両足首にゴムをつけ、両足を肩幅の倍程度開いて立ち、ヒザを直角に曲げて腰を深く落とす。

腰を低く落として後ろに進む

TECH 3 の後ろに進むパターンにトライしよう。後退の動作によって働きかける筋肉が変化し、モモと尻の筋肉を鍛えることができる。また、股関節周りの筋肉にも効果がある。後ろを気にして顔を向けると、姿勢が崩れるので注意。

TECH 5

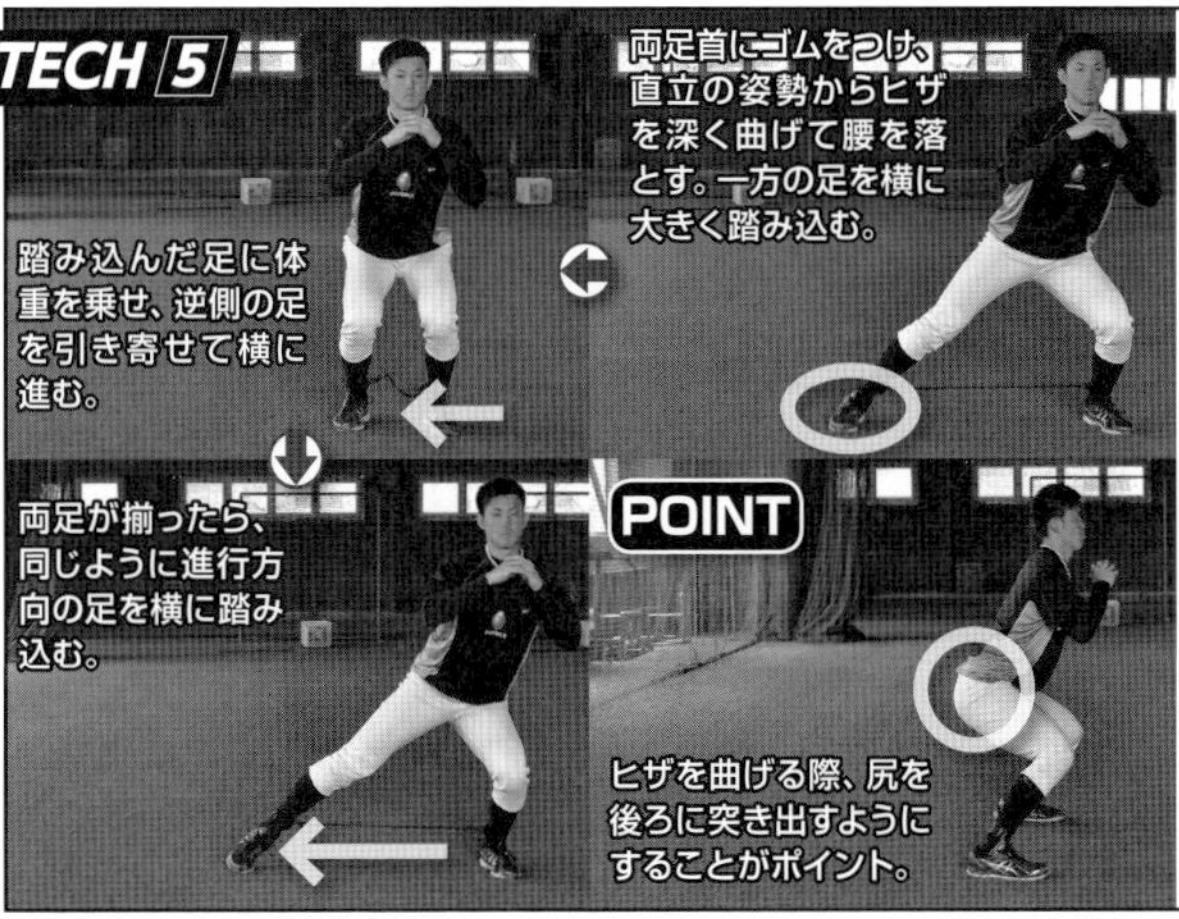
両足首にゴムをつけ、直立の姿勢からヒザを深く曲げて腰を落とす。一方の足を横に大きく踏み込む。
踏み込んだ足に体重を乗せ、逆側の足を引き寄せて横に進む。
両足が揃ったら、同じように進行方向の足を横に踏み込む。
POINT
ヒザを曲げる際、尻を後ろに突き出すようにすることがポイント。

ヒザを曲げて立ち横に踏み込んで進む

カニ歩きのように、横に進んで行う。股関節周りとモモ、尻の筋肉を同時に鍛えることができる効果的なトレーニングなので、積極的に取り組もう。焦らずゆっくりと行うことが、筋肉を鍛えるポイントだ。

胴体部の筋力を高める

TECH 1 片側の腕と足で体を支える

体の片側を床につけ、肩のラインを床と直角にすることで、体幹を強くすることができる。特に腹筋に効果的で、取り組むと確かな効果を感じられるだろう。しかしフォームが乱れるとトレーニング効果が減少するので、姿勢のチェックをしっかりと行おう。

右ヒジと右足の側部を床につけ、体をまっすぐに伸ばす。肩のラインと床が直角になるように体を開き、左腕をまっすぐ伸ばす。

逆側も同様に行う。上に伸ばす腕を、指先までピンと伸ばすことがポイントだ。

+1《プラスワン》テクニック

両足の間にゴムをつけ、床につけていない方の足を真上に持ちあげる。これにより、股関節にも負荷を加えられる。

POINT

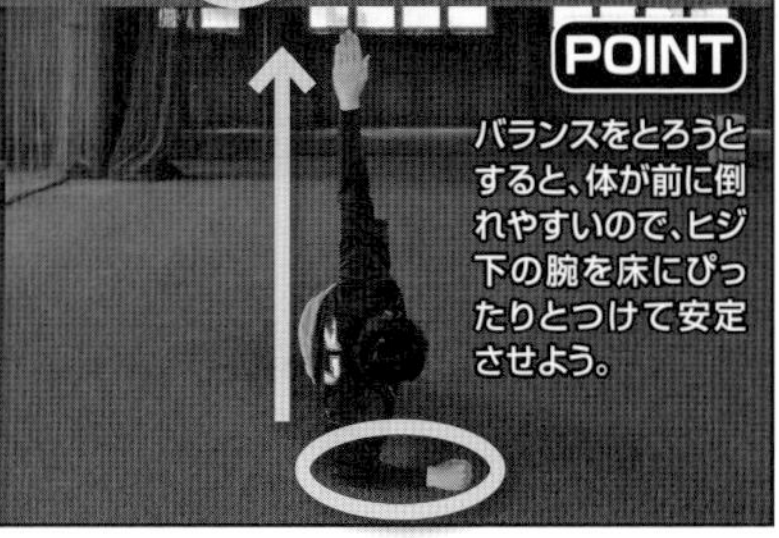

バランスをとろうとすると、体が前に倒れやすいので、ヒジ下の腕を床にぴったりとつけて安定させよう。

TECH 2 うつ伏せになり 手で円を描く

うつ伏せの状態で体をやや起こし、両腕を平泳ぎのような動作で大きく動かせば、肩甲骨を開閉させて背筋を鍛えることができる。また、両足をゴムでつないで開く動きで、下半身も同時に強化する。

うつ伏せの姿勢をとり、上半身をやや起こす。腕はヒジを曲げ、両手を肩の下にセット。

両腕を浮かし、まっすぐ前に伸ばす。指先まで伸ばして手の平を外側に向ける。

水をかくようなイメージで、両手を左右に大きく開く。

腕を肩の下に戻す。床にはつけず、そのまま伸ばす、開くという動作を繰り返す。

足は両足首をゴムでつなぎ、まっすぐ伸ばして肩幅よりやや広く開く状態をキープ。このとき、ツマ先を立てる。

TECH 3 片側の足と腕を持ちあげてひねる

体幹の筋力が高まると、腕や足といった末端の動作まで精度がアップし、またパワーも向上する。バランスを司る筋肉でもあるので、安定性も高まる。器具なしで行えるので、取り組みやすいだろう。

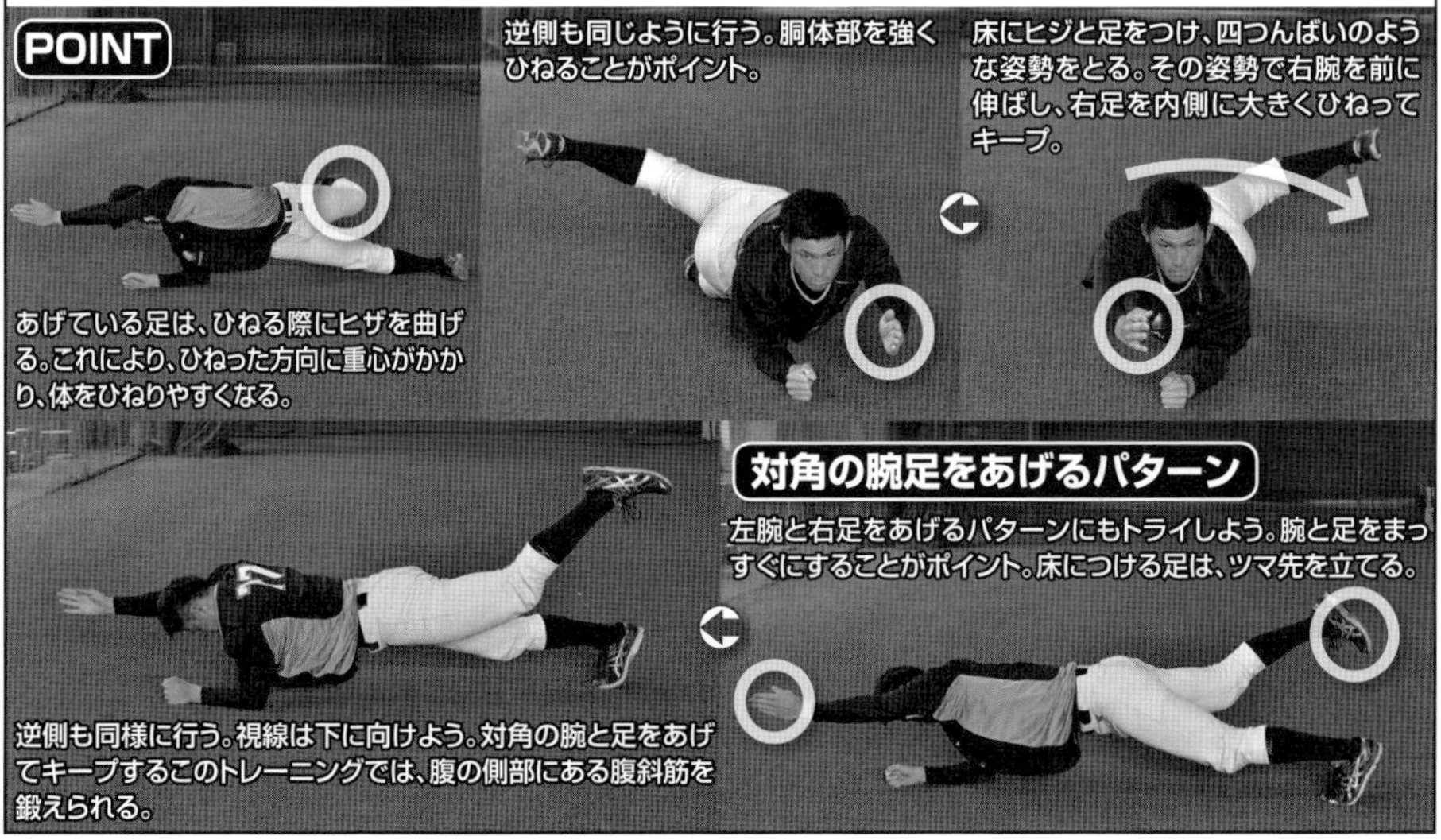
POINT
床にヒジと足をつけ、四つんばいのような姿勢をとる。その姿勢で右腕を前に伸ばし、右足を内側に大きくひねってキープ。
逆側も同じように行う。胴体部を強くひねることがポイント。
あげている足は、ひねる際にヒザを曲げる。これにより、ひねった方向に重心がかかり、体をひねりやすくなる。
対角の腕足をあげるパターン
左腕と右足をあげるパターンにもトライしよう。腕と足をまっすぐにすることがポイント。床につける足は、ツマ先を立てる。
逆側も同様に行う。視線は下に向けよう。対角の腕と足をあげてキープするこのトレーニングでは、腹の側部にある腹斜筋を鍛えられる。

TECH 4 台に片足を乗せ体幹でバランスをとる

不安定な状態で立つと、バランスが崩れやすくなる。アンバランスな状態で体勢をキープすると、体幹を強化することができ、投球フォームが乱れづらくなる。トレーニングに取り組んで、安定性をアップさせよう。後ろに仰け反りやすいので注意が必要だ。

前の足を床、後ろの足を台の上に乗せる。ややヒザを曲げて柔軟にし、目線を前に向けることがポイント。
投球フォームを意識して前の足を持ちあげ、台の上で片足立ちする。足をあげる反動で、後ろにバランスを崩さないように注意。
片足立ちを安定させ、持ちあげている足を前に踏み込んで元の姿勢に戻る。腕を上手く使ってバランスをとろう。
足を踏み込み元の姿勢に戻る。

ストレッチ

筋肉を伸ばしてケガを予防する

TECHNIQUE POINT!

1 ピッチングは体への負担が大きい
2 柔軟性アップはケガ予防につながる
3 ゆっくりと20秒数えて伸ばす

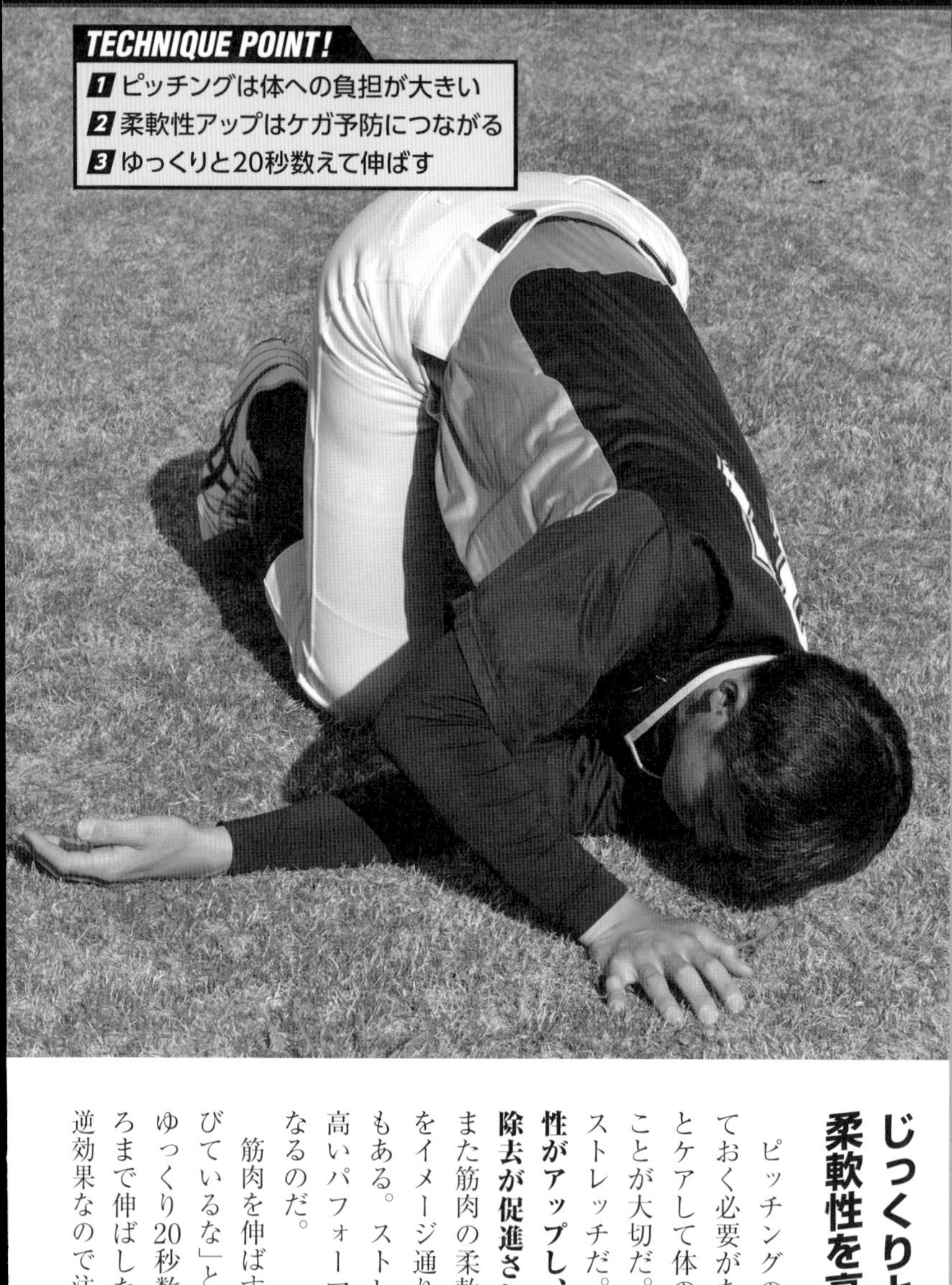

FILE 36

じっくりと伸ばして柔軟性を高める

ピッチングの前にはしっかり体を温めておく必要がある。投球後も、しっかりとケアして体のコンディションを整えることが大切だ。そのために効果的なのがストレッチだ。**筋肉を伸ばすことで柔軟性がアップし、故障の原因となる疲労の除去が促進されて、ケガを予防できる。**また筋肉の柔軟性を高めることには、体をイメージ通りに動かしやすくする効果もある。ストレッチを行うことで、より高いパフォーマンスを発揮できるようになるのだ。

筋肉を伸ばす時間の目安は20秒だ。「伸びているな」と感じるところまで伸ばし、ゆっくり20秒数える。痛みを感じるところまで伸ばしたり、反動をつけて行うと逆効果なので注意しよう。

足を開いてヒジをつけ股関節をストレッチ

股関節のストレッチに取り組む。①地面に尻をつけて座り、両足をできるだけ開く。このとき、ツマ先を上に向ける。②上半身を前傾させて、両ヒジを地面につける。コブシを握り、指が上を向くようにしてヒジ下の腕全体をぴったりとつける。③その姿勢のまま、ゆっくりと 20 秒カウントして筋肉を伸ばす。

上半身を大きく倒して股関節をより伸ばす

上のストレッチの難易度を高めたパターン。①地面に尻をつけて座り、ツマ先を上向きにした状態で両足をできるだけ開く。②上半身を前に倒す。このとき、両腕を前にまっすぐ伸ばす。より遠くに手を伸ばすイメージで行うと、上半身を倒しやすくなる。③限界まで倒したところで、ゆっくり 20 秒カウントする。

手の平を地面につけて手首をストレッチする

手首の筋肉をストレッチしよう。①地面に尻をつけて座り、両足をできるだけ開く。このとき、ツマ先を上に向ける。②指先を体に向けて、両手の平を地面につける。ヒジの内側が、前を向く形になる。③上半身をやや前に傾けて、手に体重をかける。④手首に効果を感じるところで、ゆっくり 20 秒カウントする。

TECH 4

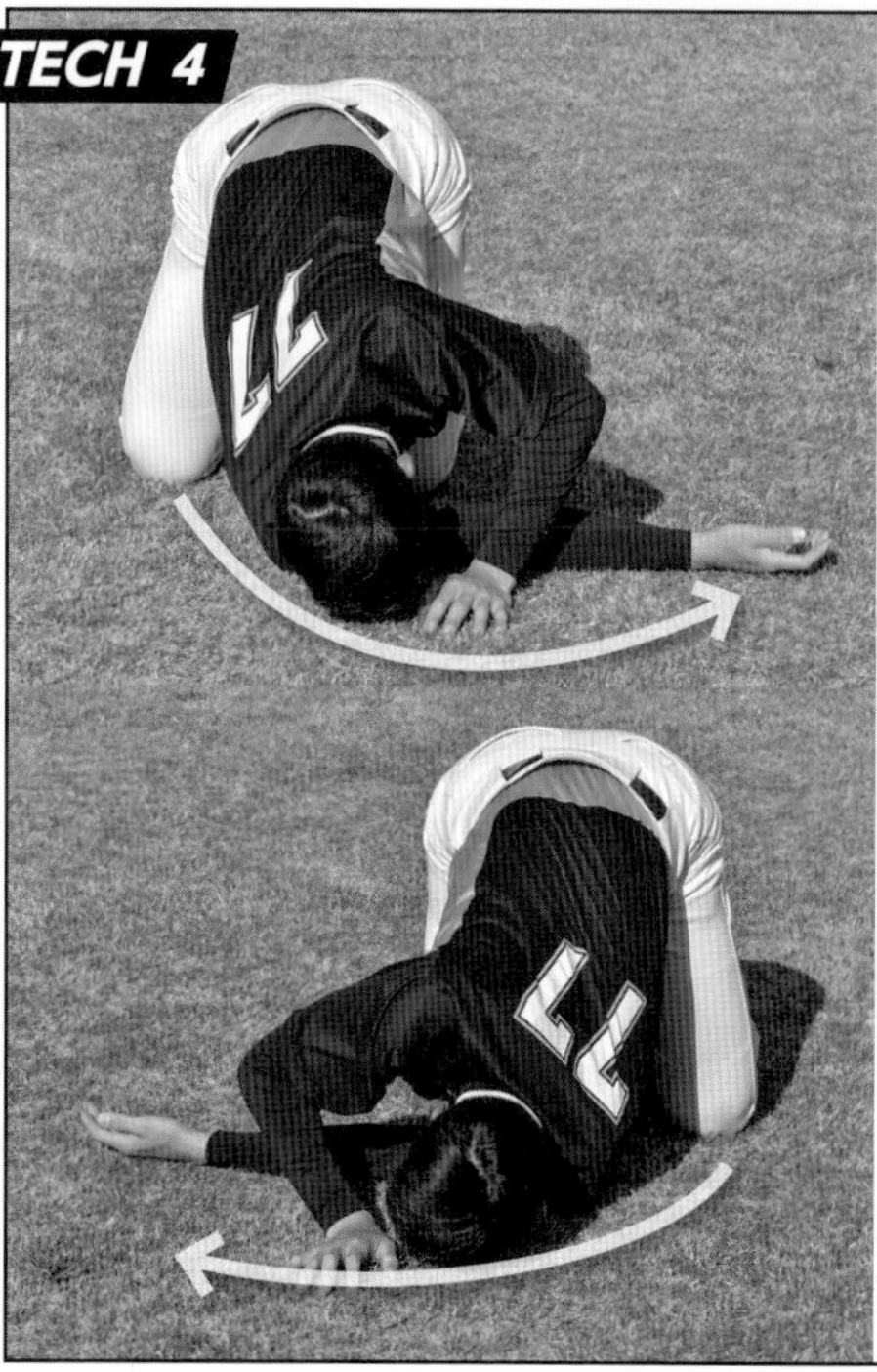

腕を伸ばして
肩の筋肉をストレッチ

ピッチングに欠かせない肩のストレッチをしよう。①両ヒザと両手を地面につけ、四つんばいのような姿勢をとる。②右手を左のワキを通して伸ばし、右腕全体を地面につける。③できるだけ伸ばせるように、上半身をひねる。④肩の筋肉が伸びていると感じたら、そのままの姿勢でゆっくりと 20 秒カウントする。⑤終わったら元の位置に右腕を戻し、左腕にスイッチして逆側も同様にストレッチする。

ピッチングで使うのは主に利き腕の肩なので、利き腕側を余分に行っても良い。ただ、利き腕しかストレッチしないのは NG。まんべんなく伸ばそう。

TECH 5

足を体に引き寄せて
尻の筋肉をストレッチ

尻にある大臀筋という筋肉をストレッチする。下半身の動作で重要な役割を担う筋肉なので、しっかりと伸ばそう。①仰向けに横になる。このとき、両足をまっすぐ伸ばしておく。②右足を持ちあげて、両手でつかむ。③腕に力を入れて、足を体に引き寄せる。このとき、ヒザは外側に曲げる。④上半身をやや浮かせても良い。足と体を最大限、近づけたらゆっくりと20秒カウントする。⑤ストレッチを終えたら、最初の姿勢に戻ってから左足にスイッチ。同じように伸ばす。

このストレッチは、無理に行うと関節を痛める危険があるので注意しよう。反動や勢いをつけずに、ゆっくりと動作することが大切だ。

TECH 6

POINT

ヒザと肩をつける

ヒザに肩を乗せるように動作しよう。手はそれぞれ、ヒザのすぐ横と足の上に乗せる。痛いと感じたら、腕に力を入れて上半身を持ちあげよう。

足に体重をかけて 股関節を充分に伸ばす

股関節をじっくりと伸ばすストレッチに取り組もう。①両足を前後に開き、片足は後ろへ伸ばして、もう片足は体の前でヒザを曲げる。②曲げているヒザの上に体を倒し、体重をかけて股関節の筋肉を伸ばして20 秒カウントする。③逆足も同じように伸ばす。

+1《プラスワン》 テクニック

深く呼吸しながら 行うことが大切

ストレッチを行う際は、呼吸を意識しよう。呼吸をともなうことで、筋肉を伸ばしやすくなる。さらに、自律神経系に働きかけてメンタルを安定させる効果もある。試合前に行って集中を高め、ベストパフォーマンスを発揮しよう。

コラム

ストレッチに取り組むタイミング

プレーの前後に筋肉を伸ばす

ストレッチはプレーの前後に、ウォーミングアップとクールダウンとして、ランニングや体操などと組み合わせて行う。プレー前に筋肉を伸ばすことで体が温まることはもちろん、柔軟性が向上し、ケガを防止することができる。

クールダウンでストレッチすることには、筋肉に蓄積された疲労の除去を促進する効果がある。疲労はパフォーマンスの低下とともに、ケガのリスクを増加させる厄介なものなので、入念に行おう。完投など、普段より球数を投げた試合後は、特に注意が必要だ。伸ばしてキープする秒数をやや長くすると良いだろう。

また、投球前後のキャッチボールや投球後にアイシングを施すことも大切だ。常にベストコンディションをキープできるように、ケアの技術を身につけよう。

PART 5
ウイニングショットを身につける

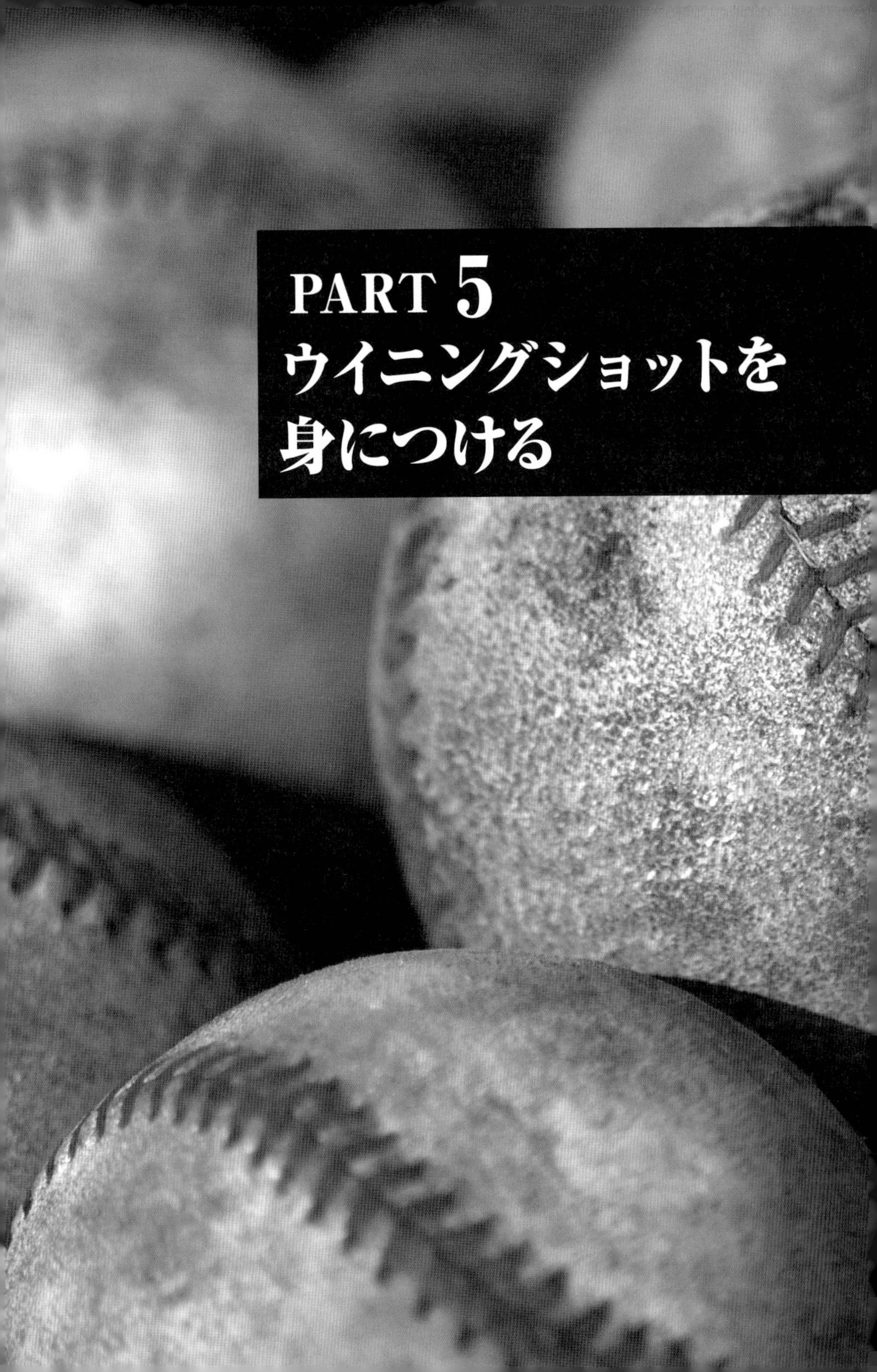

PART 5

変化球の系統・種類

リリースで小指を投げたいコースに向ける

FILE 37

TECHNIQUE POINT!

1 回転をかけて曲げる
2 回転を抑えて変化させる
3 小さく曲がる速球

投球に緩急をつけて バッターに勝利する

レベルの高いバッターとの勝負では、いくら球速と球威のあるストレートを持っていても、そればかりではタイミングを合わされてしまう。

確実にアウトをとるためには、ピッチングに緩急をつけバッターのタイミングをズラすことが大切。その際に必要になるのが変化球だ。

変化球には大きく分けて回転系と無回転系の2種類があり、それぞれ身につけておくとバッターには脅威だ。

変化球を投げるフォームはストレートと同じであることが望ましい。ボールの握りだけを変えて後はストレートと同じ腕の振りで投げることでバッターを翻弄できる。

リリース時には小指の向きを投げたいコースに向けていくことで精密なコントロールを身につけることができる。狙ったところにコントロールして変化球を効果的に使おう。

TECH 1

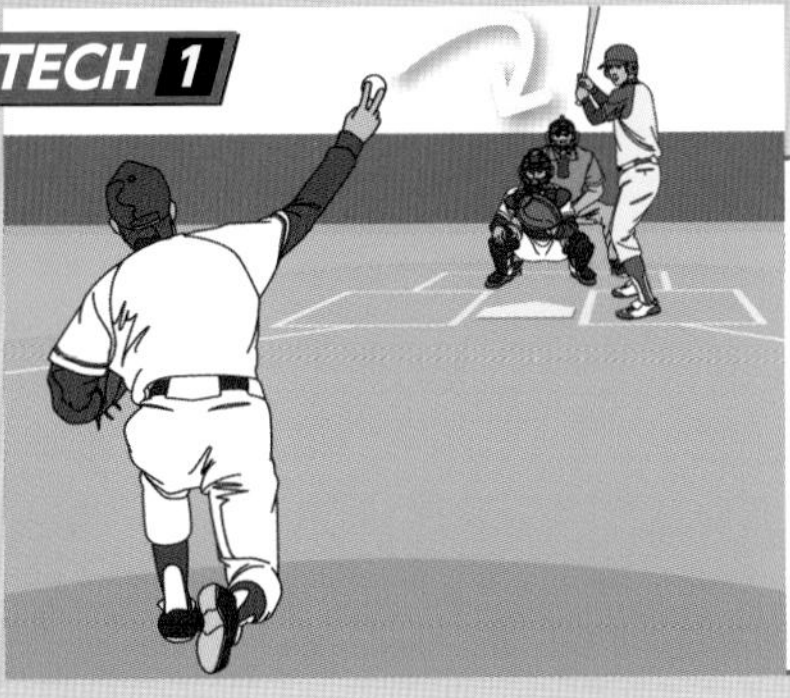

ボールに回転をかけて軌道を曲げる

カーブやスライダー、シュートといった曲がるボールは、回転系に分類される変化球。速球よりも多くの回転をボールにかけ、曲げる・落とすといった変化を与える。練習を積んで変化を鋭くすることができれば、強力なウィニングショットとなる。

TECH 2

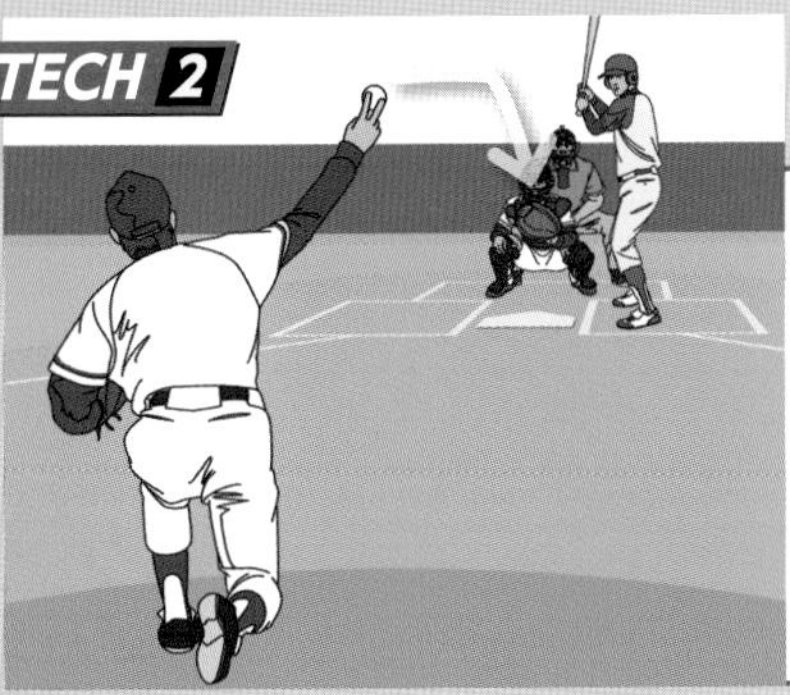

回転数を抑えてボールを変化させる

ボールに回転をかけずに投げると、空気抵抗などの影響によってボールが急激に落ちる。これをフォークボールといい、ウィニングショットとして有効だ。また無回転ボールにはそのほかにも、予測不能の変化をするナックルやパームといった変化球もある。

TECH 3

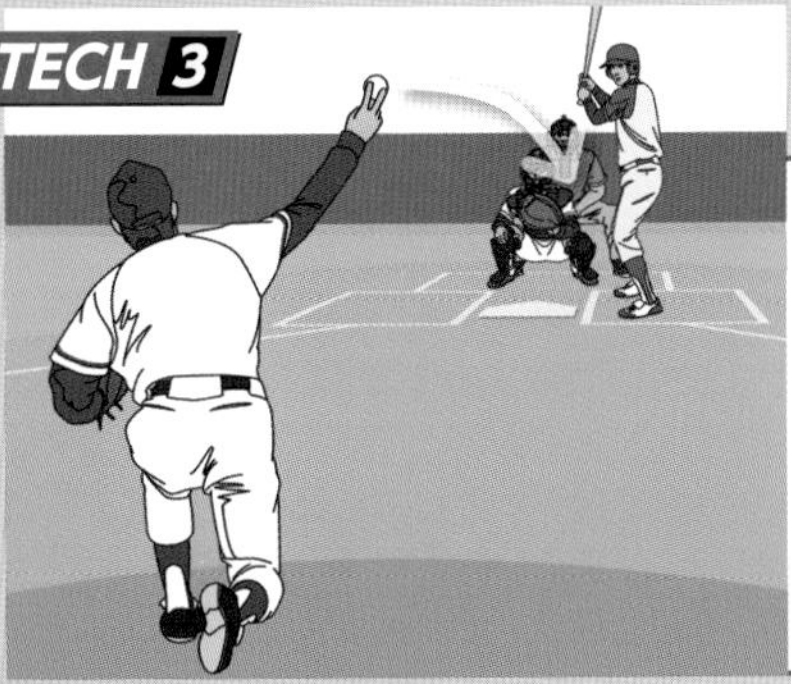

バッターの手元で少し動く変化する速球

変化球はその多くが、速球ほどスピードを出せない。しかしツーシームやスプリット、カットボールならば、ほぼ同じスピードで変化のあるボールを投げることができる。ただ三振をとれるほどの変化ではないので、凡打に打ちとりたい場面で活用すると良いだろう。

+1《プラスワン》 テクニック

速球と組み合わせてバッターのタイミングをズラす

変化球を投げることには、速球を活かす効果もある。球速のないチェンジアップなどと組み合わせれば、バッターに速球のスピードを実際以上に感じさせることができる。変化球に頼るのではなく、速球と組み合わせる配球でバッターを翻弄し、アウトをとろう。

フォーム別の身につけやすい球種

上投げはタテ、横投げは横に曲げやすい

FILE 38

TECHNIQUE POINT!

1. 上投げはタテに変化させやすい
2. 横投げはボールを曲げやすい
3. 数多くマスターするのは難しい

自分のフォームに合った変化球をマスターする

投球のフォームによって、変化球には適性がある。**より鋭く変化させるためには、フォームに合った変化球をマスターすることが大切だ。**オーバースローとスリークォーターは、タテに変化するボールを投げやすい傾向にある。どちらも球速の出るフォームなので、速球を主体とした配球を構成するピッチャーが多い。対してサイドスローとアンダースローは、横に変化するボールに合っている。球速が出にくい分、変化球主体のピッチングで「打たせて取る」のがベター。変化球の種類を豊富に持っておくべきだ。

変化球をマスターするポイントは、多くの球種にチャレンジして自分に合うものを見つけること。また、身につけたいボールに秀でたピッチャーのフォームをマネしたり、動作の方法を聞くのも有効だ。

TECH 1

上から投げるピッチャーは落ちる変化球を身につける

オーバースローとスリークォーターなど上から投げるフォームは、タテに変化するボールを投げやすい。特にフォークボールが効果的だ。ストレートの軌道からバッターの手元で落ちるため、速球を主体とするピッチャーがウィニングショットとして使っている。

TECH 2

横投げのピッチャーはボールを曲げやすい

腕を横に振るサイドスローとアンダースローは、スライダーやシュート、カーブなどといった横に曲がる変化球を投げやすい。オーバースローで投げるよりも、曲がりが大きくなる。より多くの球種を習得し、変化球主体のピッチングを目指そう。

TECH 3

マスターする変化球の数はプロでも5〜6種類

より多くの変化球が投げられれば、バッターとの勝負で有利になる。しかし、何種類も手を出してしまうと、全部の完成度が中途半端になって実戦で使い物にならない。プロの選手であっても５～６種類程度。まずは空振りをとれる変化球を一つ身につける。

+1《プラスワン》テクニック

変化球の試合で使えるレベルとは?

握りとリリースの感覚がわかれば、大体の変化球はボールを曲げるくらいのところまで身につけられる。しかし、これではマスターしたとはいえない。バッターが思わず手を出してしまうコースに投じるコントロール、配球がポイントになる。

ツーシーム

バッターの手元で微妙に変化する速球

TECHNIQUE POINT!

1 2本の縫い目に2指を沿わせる

2 打つ瞬間に微妙に変化する

回転を不規則にして軌道を動かす

安定した回転でまっすぐ進むフォーシームに対して、ツーシームは回転軸をズラして投げる速球のひとつ。**不規則な回転を与えることで、速球でありながらバッターの手元で左右や下に微妙に変化するボールとなる。**ストレートと思い込ませてバットの芯を外し、凡打に打ち取ることができる。

握り方は、まずボールの縫い目の最も近づいている位置で、人差し指と中指を縫い目に沿わせる。親指はボールの下部で縫い目にかける。投球フォームは、フォーシームと同様だ。つまりツーシームは、フォーシームからボールの縫い目の位置を変えるだけで投げられる。マスターして速球のバリエーションが増えれば、強力な武器になる。練習に取り組もう。

FILE 39

TECH 1

2本の縫い目に 2指を沿わせる

ツーシームの握り方は、フォーシームと全く同じ。異なるのは、ボールの縫い目への指のかけ方。2本の縫い目が最も接近している位置に、沿わせるように中指と人差し指をかける。投げ方もフォーシームと変わらない。思い切り腕を振ってストレートを投げよう。

TECH 2

打つ瞬間に 微妙に変化する

ツーシームは速いスピードで進み、バッターの手元で小さく変化するボールだ。空気抵抗によって軌道が変わるので、揺れる、曲がる、沈むなど変化の仕方はさまざま。どう変化するかはピッチャー本人にも予測できない。しかし基本的には、沈むボールと考えて良いだろう。

+1《プラスワン》テクニック

基本通り低めに集めて 内野ゴロに打ちとる

多少の変化があるとはいえ、ツーシームも直球の1種なので、配球はセオリー通り低めに集めるのが基本。手元で変化して芯を外す性質上、打たれても凡打になる可能性が高いが、真ん中や高めに投げるのはリスクがあるので注意が必要だ。しかし、バッターとの駆け引きで配球に高低をつけたい場面など、あえて高めを狙うこともあるので、スピードのあるツーシームをさまざまなコースにコントロールできるように練習を積み重ねよう。

利き手側に曲がる速いボール

TECHNIQUE POINT!

1. 2指をつけて握り上下2点でボールを持つ
2. バッターの方向にボールが曲がる

内角に食い込ませて打球を詰まらせる

シュートは利き腕の方向へ、横に曲がる変化球。右ピッチャーが右バッターに対して投げた場合、内角へ入っていく軌道になるため、体に食い込むようなボールになる。**ストレートに近い球速で投げられることが特徴で、バッターにストレートと思わせてバットの芯を外し、打球を詰まらせることができる。**

握り方は、人差し指を縫い目に沿わせ、その指に中指をぴったりとつける。親指は縫い目にかけ、薬指と小指はストレートと同じようにする。投げる際は、リストを内側に回しながらリリースする。切るようなイメージで行うと良いだろう。

大きく曲げようとすると、腕全体を多少ひねって投げることもあるため、ヒジへの負担が大きい。練習する際は充分に注意して取り組もう。

TECH 1

2指をつけて握り 上下2点でボールを持つ

シュートはボールの2本の縫い目が接近している位置で、人差し指を縫い目に沿わせ、中指を人差し指につけて握る。親指はボール下部で、縫い目にかける。投球フォームはストレートとほぼ同じで、親指が下を向いたところで手首を回してリリースする。

TECH 2

バッターの方向に ボールが曲がる

右打ちと右投げで対峙した場合、シュートは利き腕側に曲がるボールなので、バッターに向かって行くように変化する。バッターからすれば、手元で体側に食い込んでくるため厄介なボールとなる。ランナー一塁でバッターが打ち気の場合は、シュートを打たせてダブルプレーを狙うこともできる。

+1《プラスワン》テクニック 内角にコントロールし 打球を詰まらせる

自分と利き腕が同じバッターに対して、内角にシュートを投げると効果的だ。体に接近してくるボールは、よほどバットコントロールに優れていなければ外野まで飛ばせないので、打球を詰まらせて内野ゴロに打ちとることができる。もしバッターがスイングしなくても、胸元をえぐるシュートによって内角を意識させることができる。次の投球では外角に投げて左右に揺さぶれば、内角に意識が向いているバッターは、アウトコースのボールに対応することが難しい。

PART 5

スライダー

外へ逃げるように変化するボール

FILE 41

TECHNIQUE POINT!

1 中指を意識してボールに回転をかける

2 すべるように外角に逃げていく

バットの芯を外す 切れ味に優れた変化球

シュートと反対の方向に曲がる変化球をスライダーという。**スピードをある程度、維持して変化させることができるため、内野ゴロを狙う投球に加え、三振をとる勝負球としても使うことができる。**右バッターの外角ギリギリを狙い、ベース付近でストライクゾーンからボールゾーンに曲げられるコントロールがあると効果的。

シュートと同じ指の形で、人差し指を軽く、親指をしっかりと縫い目にかけて握ると投げることができる。投げる際は、リストをひねるように返しながらリリースする。中指を意識して、切るように動作すると鋭い回転をかけられるだろう。

ここでは横に変化するスライダーを紹介するが、上から投げる本格派のピッチャーには、タテに落ちるスライダーを投げる選手もいる。

TECH 1

中指を意識して ボールに回転をかける

スライダーを投げる際は、ボールの縫い目のふくらんでいる部分に人差し指を沿わせて、中指を人差し指にぴったりとつける。親指はボール下部で縫い目にかける。その握りでストレートと同じフォームで動作し、リリース時に中指でボールを切って投げる。

TECH 2

すべるように 外角に逃げていく

ピッチャーとバッターがどちらも右利きの場合、スライダーを投げるとボールは外角へ横に曲がり、バッターからすれば、ボールが逃げていくように感じる。左ピッチャーの場合は、シュートのように内角に食い込むボールとなる。またスライダーには、タテに落ちるものもある。

+1《プラスワン》テクニック 外角低めに投げ ストライクゾーンから外す

スライダーで最も有効なコースは、外角低めだ。横に曲がってストライクゾーンを外れ、ボールになるようにコントロールする。これにより、直球と思い込んだバッターのスイングを空振りさせることができる。バットに当たったとしても、芯を外れているので凡打となる。追い詰めている状況など、バッターの打つ意識が強い場面で繰り出すと特に効果的だ。精度が高ければバッター側のボールゾーンから曲げて、ストライクをとることも可能。

TECHNIQUE POINT!

1 手首をひねりながら振りリリースでボールをはじく

2 球速の遅いボールが大きく曲がりながら落ちる

PART 5

カーブ

大きく曲がって落ちるボール

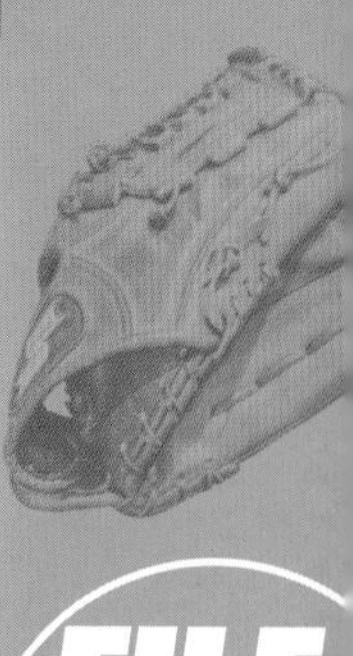

FILE 42

ボールに強く回転をかけ投球に緩急をつける

利き腕の方向から逆側へと、弧を描いて曲がりながら落ちていく変化球がカーブだ。落差が大きい特徴があり、ストライクをとりやすい。**勝負球として使われることもあるが、カウントで相手を追い詰めたい場面で繰り出されることが多い。**また遅いボールがあると思わせるために、あえてボール球の遅い変化球を見せることも有効になってくる。

握り方は、人差し指を縫い目に沿わせ人差し指をその指にぴったりとつける。このとき、人差し指をやや前に出す。親指は縫い目に軽くかける。投げる際のポイントは、腕全体を使ってボールに回転をかけること。腕を振りながら手首を返し、人差し指と親指でボールを弾くようにリリースする。

TECH 1

手首をひねりながら振り リリースでボールをはじく

中指と人差し指の2指をつけ、その間に縫い目がくるように沿わせる。このとき、指がボールのやや右側に寄るように握る。親指はボールの下部で縫い目に軽くかける。投げ方は、手の甲を外側に向け、手首をロックしながら腕を振り、指ではじくようにリリースしてカーブをかける。

TECH 2

球速の遅いボールが 大きく曲がりながら落ちる

カーブはスピードの遅いボールで、ナナメ下に曲がりながら落ちる。そのためバッターに対して、球速と大きな変化で二重の緩急をつけることができる。またカーブには、さらに球速を落としたスローカーブや、真下に落ちるドロップといったものもある。

+1《プラスワン》 テクニック

速球の前後に 外角低めに落とす

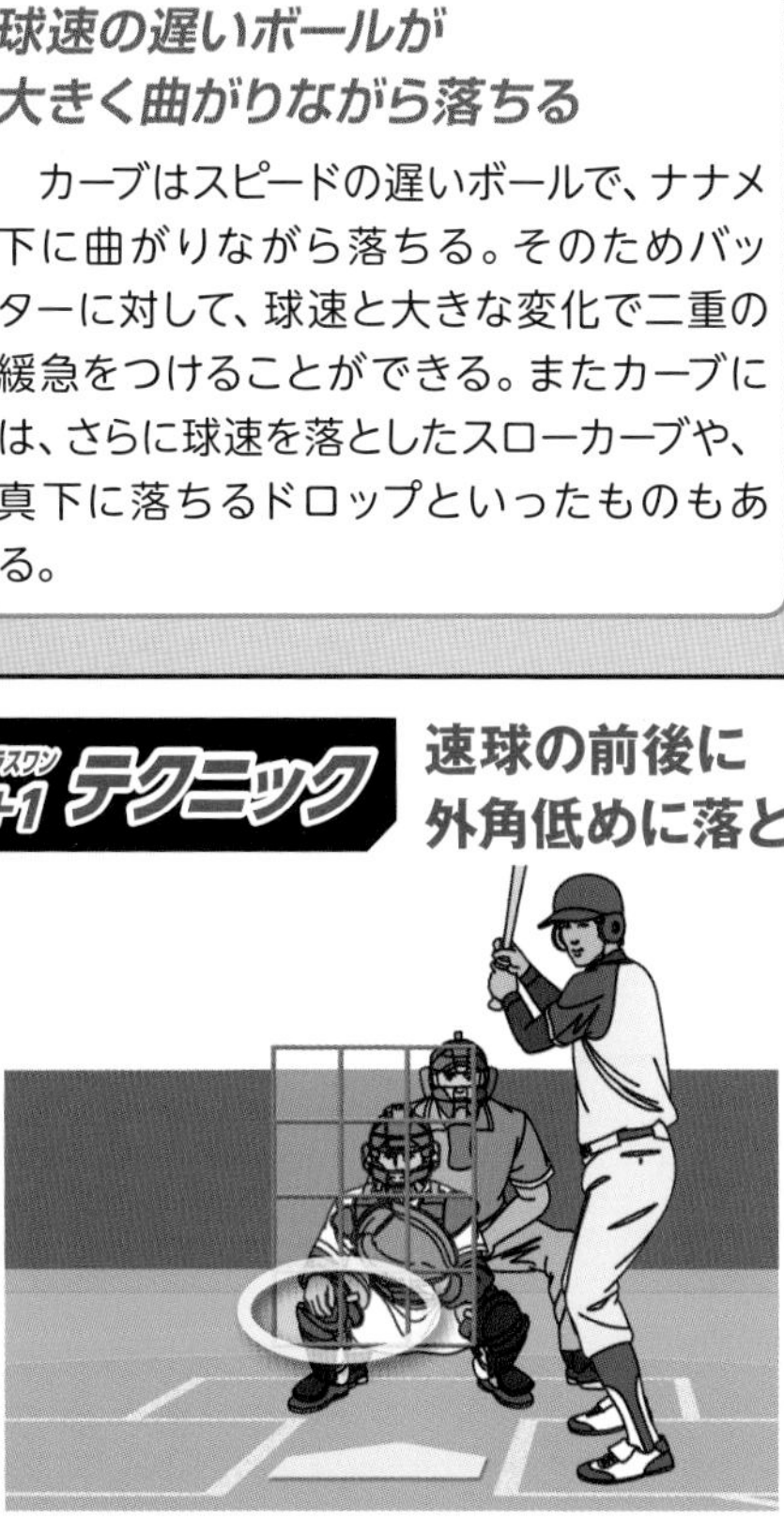

カーブはストレートなどスピードのあるボールと組み合わせて投げるのがセオリー。緩急がつき、バッターのタイミングをズラすことができる。また相手の出方をうかがう意味で、初球に使うことも多い。狙うコースは、外角低めが基本。曲がって外角いっぱいの位置に落ちるようにコントロールしよう。このコースに投げることができれば、たとえタイミングを合わされたとしても長打にされる危険が低い。

フォークボール
バッターの手元で落下する決め球

TECHNIQUE POINT!

1. 2指でボールを挟み抜く意識で投げる
2. わかっていても打てない数十cmの落差

回転数を抑えて急激に落下させる

フォークボールは、ストレートと同じ軌道で進み、バッターの手元で大きく落ちる変化球だ。**低めに投げ、ストライクゾーンから外れていくコースにコントロールできれば、強力な決め球となる。**また、高めのボール球と見せかけてストライクゾーンに入れてストライクをとる方法も効果的。しかし、コースが甘くなるとバッターに打ち返されてしまうので注意しなければいけない。

急激に落ちる軌道の秘密は、ボールの回転数にある。回転を抑えて投げることで、ボールが空気抵抗を受けて落下するのだ。回転をかけずに投げるポイントは握り方だ。指を縫い目にかけず、人差し指と中指を大きく開いてボールを挟むように持ち、ストレートと同じ動作で投げる。

TECH 1

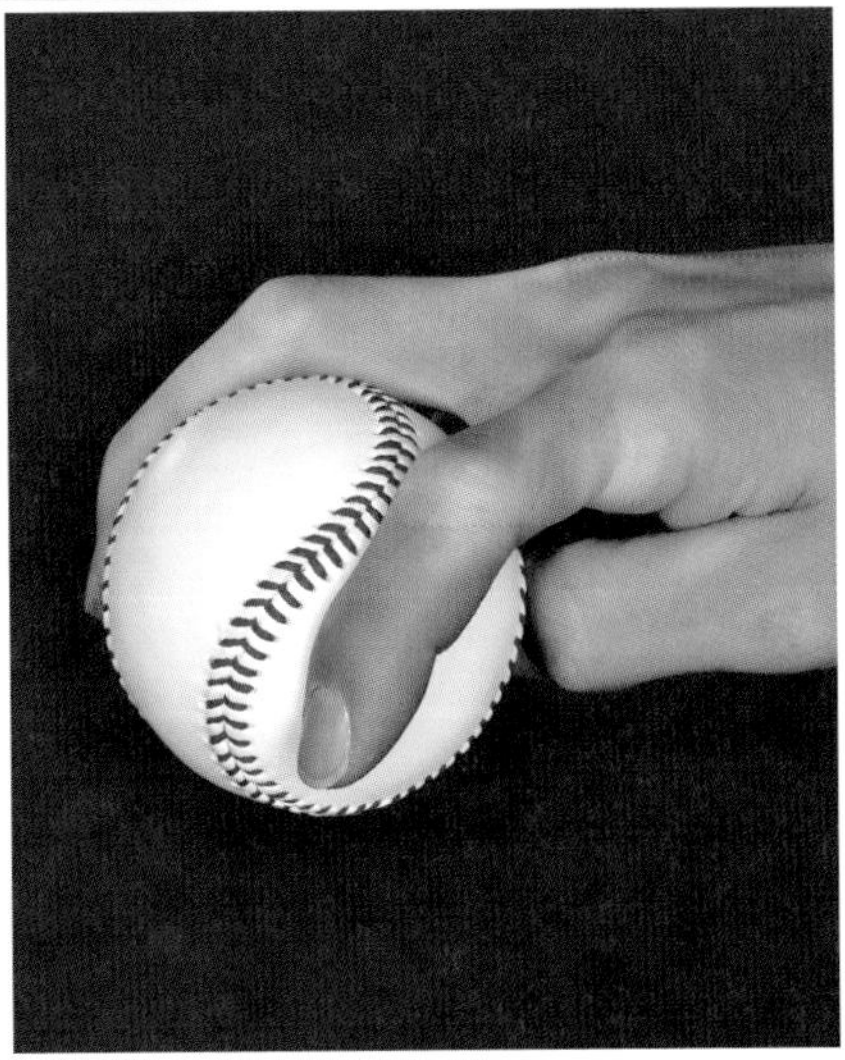

2指でボールを挟み抜く意識で投げる

人差し指と中指を大きく左右に開き、ボールを挟み込む。このとき、指はどちらも縫い目にかけない。親指はボールの後ろでたたみ、触れないようにする。その握りからストレートと同じように動作し、2指の間からボールを抜くような意識でリリースする。

TECH 2

わかっていても打てない数十cmの落差

落ちる変化球は数多くあるが、フォークボールはその中でも落差が大きい。まっすぐ進んできたボールが手元で数十cmも落ちるので、バッターは「ストン」と真下に落ちたように感じる。トップレベルのピッチャーが投げるフォークボールは、わかっていても打てないほどだ。

+1《プラスワン》テクニック 低めにコントロールし空振りさせる

フォークボールは、バッターを三振に切ってとる決め球として使われることが多い。バッターをカウントで追い詰めたら、ストライクの軌道から落ちてボールになる低めのコースに投げて空振りさせよう。フォークボールは強力な変化球だが、握力の消耗が激しいという欠点も。投げすぎると手に力が入れづらくなり、すっぽ抜けてバッターに好球を与えてしまう危険があるので、球数を意識しなくてはいけない。ここぞという場面でのみ投げるようにしよう。

チェンジアップ
タイミングをズラす遅いボール

TECHNIQUE POINT!

1. 4指を使って握り人差し指と親指で輪をつくる
2. ストレートのフォームからゆっくり沈むボール

ストレートを活かすスローボール

ゆっくりと進み、やや落ちる軌道を描く変化球がチェンジアップだ。**ストレートと同じフォームで投げられることが特徴で、バッターに速球と思わせて遅いボールを投げ、タイミングをズラすことができる。**スピードのあるストレートを持つピッチャーが身につけると、強力な武器になるだろう。ただ、低めにコントロールできないとバッターにとって好球となってしまうので注意。

握り方は、人差し指と中指を縫い目に沿わせる。このとき、縫い目が広がっている位置で握ることがポイントで、親指は人差し指と指先が触れ合うようにする。さらに薬指をボールの側部に当てて支える。投げる際はストレートと同じように腕を振り、指の力を抜いてリリースする。

TECH 1

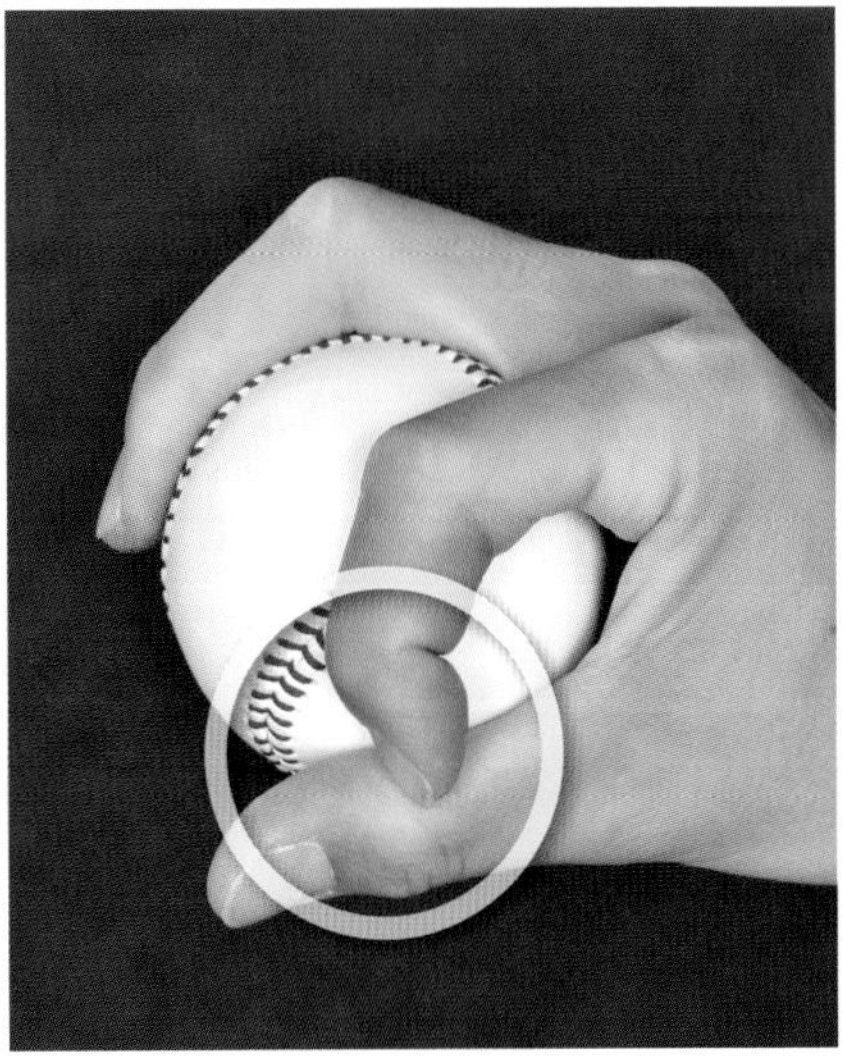

4指を使って握り 人差し指と親指で輪をつくる

ボールの縫い目の開いているところで人差し指と中指をそれぞれ沿わせ、薬指と親指で横からボールを支える。このとき、人差し指の先を親指の第一関節の根元につけて輪をつくる。その握りから手首を動かさずに腕を振り、リリース時に指の力を抜いて投げる。

TECH 2

ストレートのフォームから ゆっくり沈むボール

チェンジアップは、ゆっくりと進み沈むように落ちるボールだ。ストレートと同じフォーム、腕の振りで投げられることが大切で、速球と組み合わせることでピッチングに緩急をつけられる。タイミングをズラされたバッターは、バットに当てることが難しい。

+1《プラスワン》テクニック ストレート狙いのバッターに 低めのチェンジアップを投げる

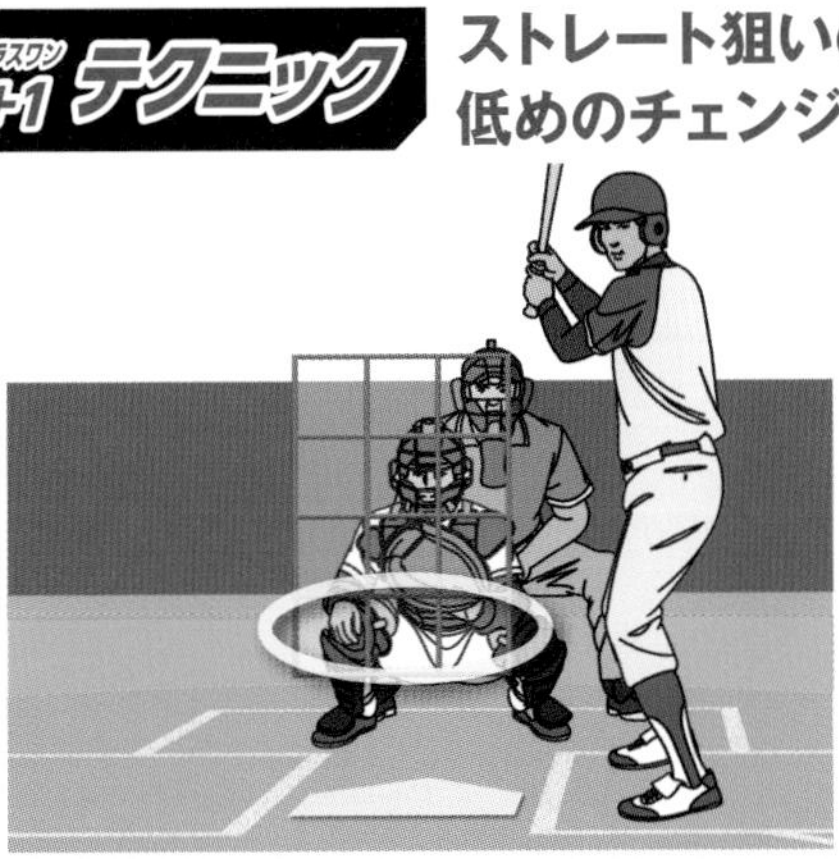

軌道の変化ではなくスピードの変化で勝負するチェンジアップは、配球の組み立てが非常に重要。チェンジアップばかりでは狙い打ちされるので、相手にストレートと思わせて投げることが大切だ。ストレートを待っているバッター、初球から振ってくる打つ意識の強いバッターへの初球など、相手の逆をつく意識で繰り出そう。なお、コースは低めを徹底する。高めに投げると、ただのすっぽ抜けたボールになり、長打につながってしまう。

PART 5

シンカー

浮いてから沈むように曲がる変化球

TECHNIQUE POINT!

1 4指で握り手首を内側にまわして投げる

2 一瞬浮いてカーブと反対に曲がる

落差の大きい回転系の変化球

右ピッチャーが投げ、右方向に曲がりながら落ちていく変化球をシンカーという。カーブと反対の軌道となるが、**シンカーには落ちる前にややボールが浮くという特徴がある。そのため、バッターから見ると急激に沈むように見える。**なお、左ピッチャーが投げる場合は呼び名がスクリューに変わる。

握り方は、中指を縫い目に沿わせ、人差し指は縫い目からややズラす。親指と薬指は軽く縫い目にかけ、4点で支えるようなイメージで握る。投げる際は、リストを内側にひねってリリースし、ボールに回転をかける。ストレートを投げるフォームから、スピードの遅いシンカーを投げることができれば緩急をつけられる。ほかの回転系変化球と組み合わせるのも有効だ。

FILE 45

TECH 1

4指で握り 手首を内側にまわして投げる

シンカーの握りは、ボールの縫い目の離れているところで中指を縫い目の上からしっかり沿わせ、人差し指はややズラして沿わせる。次に親指と薬指で左右からボールを支える。投げる際は、ボールを外側に向けながら腕を振り、リリースで手首を内側に回す。

TECH 2

一瞬浮いて カーブと反対に曲がる

シンカーは落ちるシュートといえる変化球。利き腕側に曲がりながら落ちる軌道で、さらに落ちる前に一瞬浮くという特徴があるため、バッターにはボールが沈んだように見える。打ちとることが主な狙いだが、球速を出せるようになると決め球としても力を発揮する。

+1《プラスワン》 テクニック 内角低めに曲げて落とす

右バッターの場合は、ボールが内角低めに落ちるようにコントロールする。ここはバッターにとって打ちづらいコースで、打球を詰まらせることができる。左バッターの場合は反対の外角低めを狙う。この位置も、手が出にくく長打は難しい。ストレートのあとに投げると緩急がついて、効果的。シンカーは横から投げた方が繰り出しやすい変化球なので、フォークボールが難しいサイドスロー・アンダースローのピッチャーは身につけよう。

PART 5

スプリット

手元でやや落ちるスピードボール

FILE 46

TECHNIQUE POINT!

1 回転数を抑えてリリース
2 フォークボールより速く落差が小さい

バッターの芯を外す小さな変化を与える

スプリット（正式名称はスプリットフィンガードファストボール）はストレートに近いスピードボールで、バッターの手元でタテに落ちる変化球だ。フォークボールに近い軌道だが、スピードがあり落差が小さい点に違いがある。**三振をとるというより、バットの芯を外して内野ゴロに打ちとる狙いで繰り出すと良いだろう。**ストレートの後に、同じコースにスプリットを投げると、空振りや凡打になりやすいので実践してみよう。

握り方は、フォークボールの握りから人差し指と中指の開きをやや狭める。このとき、人差し指と中指を縫い目の外側に沿わせるようにし、親指はかけない。投球フォームはストレートと同じように行い、回転数を抑える意識でボールをリリースする。

パーム
ボールを急降下させる変化球

FILE 47

TECHNIQUE POINT!

1 手首を固定してボールを押し出す
2 不規則に変化する場合もある

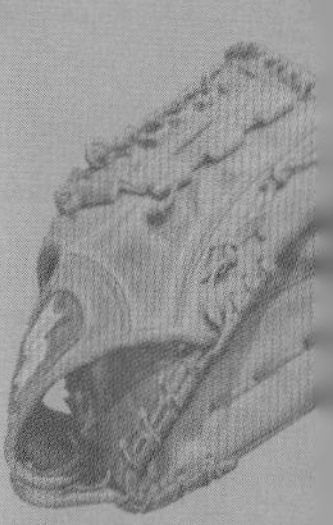

押し出すように投げ ボールを大きく落とす

遅い球速で進み、急激に落ちる変化球がパームだ。**チェンジアップに近いが、タテへの落差が大きく、バッターの目線を上下させてタイミングをズラすことができる。**また、揺れながら進んだり横に曲がったりと、不規則に変化する場合もある。大きな変化は、ボールの回転数の少なさによって生み出される。急降下させるためには、回転を与えない握りと、押し出すように投げる技術が要求される。

握る際は、親指と小指でボールの側部を左右から持つ。このとき、縫い目に指をかけない。残りの3指は伸ばし、ボールに触れないようにする。投げ方は、ストレートと同じ動作で腕を振る。このとき、手首を固定することがポイントだ。

PART 5

ナックル

不規則に急激な変化をするボール

FILE 48

TECHNIQUE POINT!

1 ボールを押し出して無回転で投げる

2 投げた本人にもわからない変化をする

同じように投げても異なる変化をする魔球

ナックルは、ボールを限りなく無回転に近づけて投げる変化球だ。**空気抵抗を強く受けるため、ボール周辺の空気の流れが不安定になり、左右に揺れる、急激に落ちるなど、不規則に変化する。**その変化は、投げた本人にすらわからない。そのためナックルはたびたび魔球と呼ばれ、使いこなすピッチャーはナックルボーラーと呼ばれる。無敵に思えるが、ほとんど変化しない可能性がある、コースを狙えないためバッターと駆け引きできない、といった欠点がある。

握り方は、人差し指と中指、薬指の指先をボールにツメを立てるように縫い目にかけ、親指で小指で支える。その握りから、ボールを押すようにリリースする。立てた指ではじくように投げることがポイント。

PART 6
ピッチャーの総合力をアップする

エースにかかるプレッシャーの数々

エースには精神の強さが必要

TECHNIQUE POINT!

1 先発は重圧のかかる役割
2 ピンチはミスしやすい
3 スラッガーにも弱気にならない

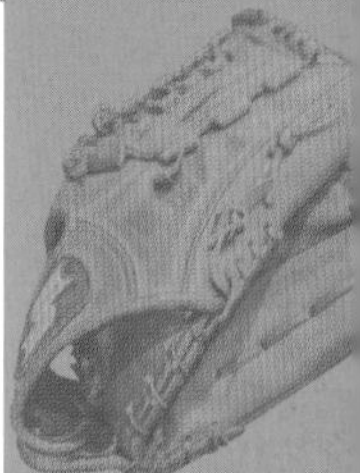

FILE 49

試合の中にはたくさんのプレッシャーがある

サッカーやバスケットなどほかの多くのスポーツでは、「エース」とはより多く得点をあげる選手のことを指す。しかし野球においては、失点数の少ないピッチャーをエースと呼ぶ。**多くのチームでは一人しかいない上、勝負を決める重要な選手である。そのため、ピッチャーにのしかかるプレッシャーは重い。**

　またピッチャーにはピッチングに加えて、9人目の野手としての役割もある。フィールディング技術やベースカバー、バント処理の力が必要だ。また、ランナーを出してしまった際に効果的な、けん制も重要。ピンチをしのぐ技術もまた、エースを担う上で必要不可欠なのだ。複合的に技術を鍛え、レベルアップしよう。

TECH 1 長いイニングを投げる先発の責任

エースとは、多くの場合先発ピッチャーのことを指す。初回から長いイニングを投げる先発は、その善し悪しで試合が決まるといえるほど大きな責任をともなう役割。チームによっては”抑えのエース”といって試合終盤を締めるピッチャーを置くこともある。

TECH 2 ピンチの場面こそメンタルの強さが試される

ランナーが出た場面、先制や逆転される可能性があるような状況では重いプレッシャーがのしかかる。精神に負荷がかかると筋肉が硬直しミスしやすくなるので、ピンチの場面でもいつも通りの投球ができる精神力のあるピッチャーが真のエースといえる。

TECH 3 強打者や苦手なバッターに果敢に攻められる強さ

打撃のレベルが高い、前打席で打たれているなど、試合では投げづらい相手と戦わなくてはいけない場面がある。弱気になってフォアボールを出してしまえば、チームメイトからの信頼は得られない。勝つためには果敢に攻め込めるくらいの強気なメンタルが必要。

+1《プラスワン》 テクニック 「抑えて当然」と思われる抑えピッチャーのメンタル

抑えピッチャーもしばしば「抑えのエース」「守護神」など、エースとして扱われる。抑えはゲーム終盤の短い登板であるため、抑えて当然と思われるプレッシャーと戦うことになる。高い集中力を持ち結果を確実に出せるピッチャーは抑え向きだろう。

セットポジション

投球動作を短くする

TECHNIQUE POINT!

1. ヒザを高くあげて球速アップ
2. セットポジションを活用する

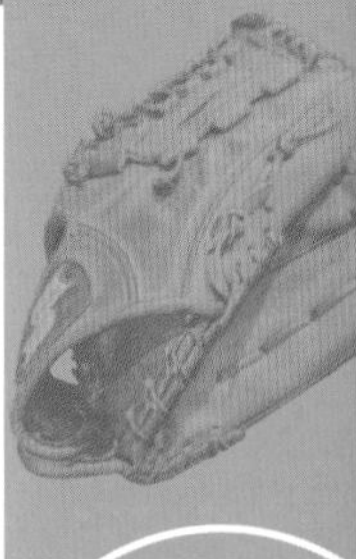

盗塁を防ぐ 素早い投球フォーム

ランナーを背負った場合、通常のワインドアップやノーワインドアップのフォームで投げると、盗塁される危険がある。動作が大きく、ランナーにスキを与えてしまうのだ。その防止のために必要になるのが、セットポジション。軸足をプレートに沿わせ、踏み込み足を平行に、最初から体を横向きにした姿勢で立つフォームで、**体の向きを変える動作を省略できるため、素早くボールを投げることができる**。また動作をコンパクトにして、投球のコントロールを安定させる効果もある。

デメリットとしては、球速と球威の低下があげられる。体を回しながら足を持ちあげる動作による軸足へのためがあまり得られないため、投球のパワーが減少するのだ。

FILE 50

TECH 1 踏み込み足を高くあげ投球リズムを変える

セットポジションでも、スピードを出す工夫が必要。ときにはリズムを変えて踏み込み足をあげる際に、高くあげて重心移動での体の加速を向上させる。これでスピードを出せるようになれば、ランナーを出してしまった場面でもバッターに対して攻めのピッチングができる。

TECH 2 セットポジションをランナーなしの場面でも活用

プロの中にはランナーがいない場合にも、セットポジションを使うピッチャーがいる。これにはコントロールを重視する目的と、スタミナの消費が少ないという特性を活かした疲労軽減の狙いがある。その日の状態で、セットポジションを活用してみよう。

クイックでランナーをクギづけにする

FILE 51

TECHNIQUE POINT!
1 尻を先行させる動作を徹底
2 クイックモーションで変化を加える

俊足ランナーに対抗するクイックモーション

盗塁を担う俊足ランナーに対しては、普通にセットポジションを用いて投球しても塁を奪われてしまう。素早いクイックモーションで投げ、投球フォームの時間を短くする必要がある。**足をあげる高さを低くすることで、最短でリリースまで持ち込み、短縮をはかるのだ。**

ただし、通常の投球に比べ球速が落ちるので、多用しすぎるとバッター有利になってしまう。ボールを長く持って投球リズムを変えるなど、ランナーとバッターにタイミングを合わせられないようにする工夫が必要だ。

TECH 1 ヒップファーストを強く意識して動作する

早く投げようとするあまり、動作が雑になって重心移動が散漫になり、手投げになってしまう場合があるので注意が必要だ。足を極力あげないフォームだからこそ、ヒップファーストを徹底して、できる限りボールに体重を乗せられるように強く意識しよう。

TECH 2 投球のリズムを変える目的で使用する

クイックモーションは、ランナーがいない場面でも使える技術だ。投球ペースが一定だと、リズムをつかまれて打たれる危険があがる。その際にクイックモーションを使うと、タイミングをズラすことができる。相手は意表をつかれて、見逃してしまうだろう。

プレートの端に軸足を沿わせる

TECHNIQUE POINT!

1. 足の外側を沿わせる
2. プレートの端に立つ
3. 投げる場所を変えるのも手

FILE 52

一塁側か三塁側に立ち位置をある程度固定する

マウンド上の白い板「ピッチャーズプレート」は、プレートと略して呼ばれることが多い。ピッチャーはルール上、プレートを踏んで投げなければならないが、その際中央を踏む必要はない。軸足の側面を沿わせる形で、踏むと良いだろう。ポイントになるのは、プレートを踏む位置。両端のどちらかギリギリのところで踏むことがセオリーで、**右利きなら三塁側、左利きなら一塁側に寄るピッチャーが多い。これには投球に角度をつける目的がある。**

また踏む位置を一定にしなければならないルールはなく、極端に言えば投球毎に位置を変えても良い。ただし、コントロールが乱れるなどデメリットもあるので、ある程度コントロールが身についたところで試す。

TECH 1

プレートには軸足の側面で触れる

「プレートを踏む」というものの、実際に上から足を乗せるピッチャーはいない。足が触れてさえいれば OK なので、セットに入った際に、プレートのキャッチャー側に軸足の側面を沿わせるように足を置く。これにより、ほとんど地面に接地した状態で投げられる。

TECH 2

一塁側か三塁側にギリギリまで寄る

右ピッチャーならば、三塁側ギリギリの位置に足を置くのがセオリー。これにより右バッターに対して、アウトコースならば角度をつけて、インコースならえぐるような軌道で投げることができる。左ピッチャーならば、同様の理由で一塁側ギリギリに寄る。

TECH 3

立ち位置を変えてバッターを惑わす

プレートの幅は約 61cm。その中で立ち位置を変化させると、ボールの軌道に違いが生まれ、バッターを翻弄することができる。右対右であえて一塁側に寄って、大きく横に曲がるスライダーを投げるなど、左右をうまく活用できればピッチングの幅がさらに広がる。

+1《プラスワン》テクニック

立ち位置を変えるリスク着地が変わってしまう

常に同じ感覚で投げることが、質が高い投球を続ける重要なポイントとなる。しかし立ち位置を変えると着地の位置も変わり、踏み込んでいた土の掘れ具合に、感覚の相違が生まれてしまう。立ち位置の変更は、感覚のリスクを頭に入れて行おう。

ベースカバー

一塁方向に打たれたらカバーに回る

TECHNIQUE POINT!

1 ファーストのカバーをする
2 ラインの内側を走る
3 バックホームを本塁後方でカバー

ベースカバーの動きを頭に入れて素早く判断する

バッターが投球を打ち返した瞬間、ピッチャーも野手の一人となる。しかし、打球を直接捕球する機会は少ない。守備時の主な役割は、ベースカバーだ。投球を外野まで打たれヒットになった場合、ボールがこぼれた際のフォローを行う。そのために必要になるのが、正確なポジショニングだ。ボールがこぼれた場合に素早く捕球してカバーできるように、その危険がある位置をすぐさま判断して移動する。

しかし、いちいち考えて動いていては遅い。**あらかじめ「あの場所に打たれたらここ」「ランナーが二塁にいたらここ」と、ポジショニングを頭に入れておくことが大切だ。**これにより、打球の方向を見た瞬間に走り出せるようになる。

FILE 53

TECH 1

ファーストが捕球したボールにベースカバーに入る

打球がファーストの守備範囲に飛んだら、ピッチャーが一塁に入ってカバーする。これにより、ファーストが捕球からすぐにボールを一塁に投げてアウトをとれるようになる。ファーストが捕球から走って一塁を踏むより早くボールを動かせるので、確実にアウトをとれる。

TECH 2

ライン内側を走りベースを踏む

一塁へのベースカバーはラインの内側を走ることが鉄則。バッターランナーと交錯すると転倒することもあり危険だ。スタートが遅れると足の速いランナーの場合、間に合わず安打を許してしまうこともある。常に一塁ベースカバーの意識を持ち、打球方向に気をくばることが大切だ。

TECH 3

クロスプレーになりそうなホームをカバーする

ランナー二塁など、1本のヒットで失点の可能性がある状況では、バックホームを想定して本塁をカバーする。またレフト線、ライト線への鋭い当たりの場合は、ランナー一塁の場合でもバックホームの可能性があるので、キャッチャーの後方に入る。

+1《プラスワン》 テクニック

ファーストと呼吸を合わせてキャッチする

一塁のベースカバーでランナーとの競争になった場合は、ベース付近での交錯やトスの乱れによるエラーが考えられる。ファーストと呼吸を合わせ、トスを確実にキャッチすることがポイント。キャッチしたい位置にグラブを構えることでファーストもトスが投げやすくなる。

フィールディング

バントを処理し素早く送球する

TECHNIQUE POINT!

1. 正面でボールを捕る
2. 三塁送球は横投げで行う
3. グローブでボールをトス

転がる打球を捕りながら判断して投げる

ピッチャーゴロやフライなどは、基本的な捕球技術があれば充分に対応可能だ。しかしピッチャーにはそれ以外に、バント処理のプレーが求められる。ファーストやサードの野手と連携して行うことが大切で、またキャッチャーの指示を聞いて正確にその動きを実行する冷静さも求められる。

バントには送りバント、セーフティバント、スクイズなど目的に応じたいくつかの方法があるが、打球としては基本的に同じで、一塁側か三塁側に転がすプレーとなる。**いかに捕球から送球までを素早く行うかがポイントで、また捕球したタイミングでランナーの位置から送球する塁を判断することも必要だ。**転がり方によってはほかの内野手がとる場合もあるので、連携も求められる。

FILE 54

TECH 1

なるべく正面で捕球し 送球方向に踏み込んで投げる

バッターがバントをしたら、マウンドから打球にかけ寄って腰を落とし、体の正面でゴロを捕球する。ボールをグローブに収めたら、体を起こすと同時にステップすることが大切。二塁への送球は、素早い反転からの送球が求められる。キャッチャーの指示に従いランナーを封殺する。

TECH 2

三塁へはサイドスローで コンパクトに投げる

バント処理の三塁への送球はクロスプレーが多い。二塁ランナーは一塁や三塁に比べてリードが大きく、スタートを切りやすいからだ。バント補球後の送球は、サイドスローの方が正確で素早い動作ができる。投げる距離も短いので、慌てて上から投げると送球エラーにつながることもある。

TECH 3

スクイズに対しては ボールをトスする

三塁ランナーをバントで三塁に返すスクイズは、ピッチャーがグローブでボールをトスする技術を持っていれば防ぐことができる。転がる打球にダッシュで近づいて走りながら捕球し、そのまますくいあげるように投げて、キャッチャーに素早く渡す技術だ。

+1《プラスワン》テクニック

内野手と連携して バントを処理する

三塁側に伸びるなど、ほかの内野手が捕球した方が効果的な場面もある。その際に味方と譲り合ったりしないように、互いに声を出し合って連携しよう。また、打球がファールになる軌道である場合は、味方が捕球しないようコーチングすることも大切だ。

ランナーを警戒しサインプレーの可能性を探る

FILE 55

TECHNIQUE POINT!

1. けん制で盗塁を警戒する
2. バッターとランナーの出方を見る
3. 一定のタイミングで投げない

けん制ではランナーとバッターの出方を見る

マウンドからランナーのいる塁にボールを投げるけん制は、大きなリードを封じるプレー。アウトになる可能性は低いが、盗塁を狙って大きくリードしているランナーにタイミング良く繰り出せば、逆をつくことも可能だ。しかし、**けん制ではそれよりも相手の動きを観察・洞察することを目的にする。**例えばストライクとボールの数が同じ並行カウントの場面はエンドランを仕掛けてくることがあったり、バントやスチールなどあらゆる攻撃を想定しなければならない。その際にけん制を入れ、ランナーとバッターの出方を見るのだ。

このとき、いつも同じタイミングで投げないように注意が必要。単調になると効果がなくなるので、ボールを持つ時間を微妙にズラすことが大切だ。

TECH 1 一塁へのけん制では素早くターンする

右ピッチャーが一塁へけん制する場合、背中の方向に投げる必要があるため、素早いターンが必要になる。セットポジションをとり、軸足をプレートから離さず踏み込み足を一塁方向に踏み込んで周り、ファーストのグローブへ正確に投げる。動作の速さが必要だが、焦るあまりに悪送球にならないように注意しよう。左ピッチャーはまず、スタートを切られないことを目標とする。右ピッチャーの三塁けん制と同じように投げよう。

右ピッチャーの時計まわり二塁けん制

右ピッチャーの反時計まわり二塁けん制

TECH 2 体を反転させ 二塁にけん制球を投げる

二塁へのけん制には二通りの方法がある。まず一つ目は、踏み込み足を持ちあげたところから、そのヒザを後方に向けて体を反転させる方法。途中まで投球動作と同じ動きとなるため、ランナーを翻弄できる。二つ目は軸足をプレートから外して、グローブをはめている手の方向に反転し、踏み込み足を二塁方向に踏み込む方法。顔を先行させて回ることが素早く投げるポイント。自分が動きやすい方法を選んで、二塁にけん制しよう。

TECH 3 足をあげたあとに三塁の方向に踏み込んでけん制

三塁へのけん制は、体の正面への送球となるため簡単に行える。セットポジションから通常通りに投球フォームを開始し、踏み込み足を持ちあげたあとにその足を三塁方向に踏み込み投げる。途中まで投球すると見せかけて、けん制できることが特徴だ。そのため、いかにも投球するという素振りで行うことが大切。なお左ピッチャーは背中側への送球となるため、右ピッチャーが一塁へけん制する動作と同じように動いて投げる。

配球をノートに書き込む

投球のデータをとって自分の長所を明確にする

成長を促すために、投球日記をつけると良い。プレー後に野球について記す習慣をつけることで、自分の長所や弱点、目標、課題などが明確になる。ピッチャーが特に書くべきことは配球だ。どの打者にどんな球を投げたか、通用した球とダメだった球を思い出して記す。「スライダーで内野ゴロに打ち取った」など、細かく書くことがポイント。こうした成功事例は、自分の長所を示しているので次回からすぐ活かせる情報となる。積み重ねることでより明確になり、武器になるのだ。

正確に示すことが大切で失敗例は次の登板の課題となり、練習の糧となる。P156 をコピーして使用しよう。

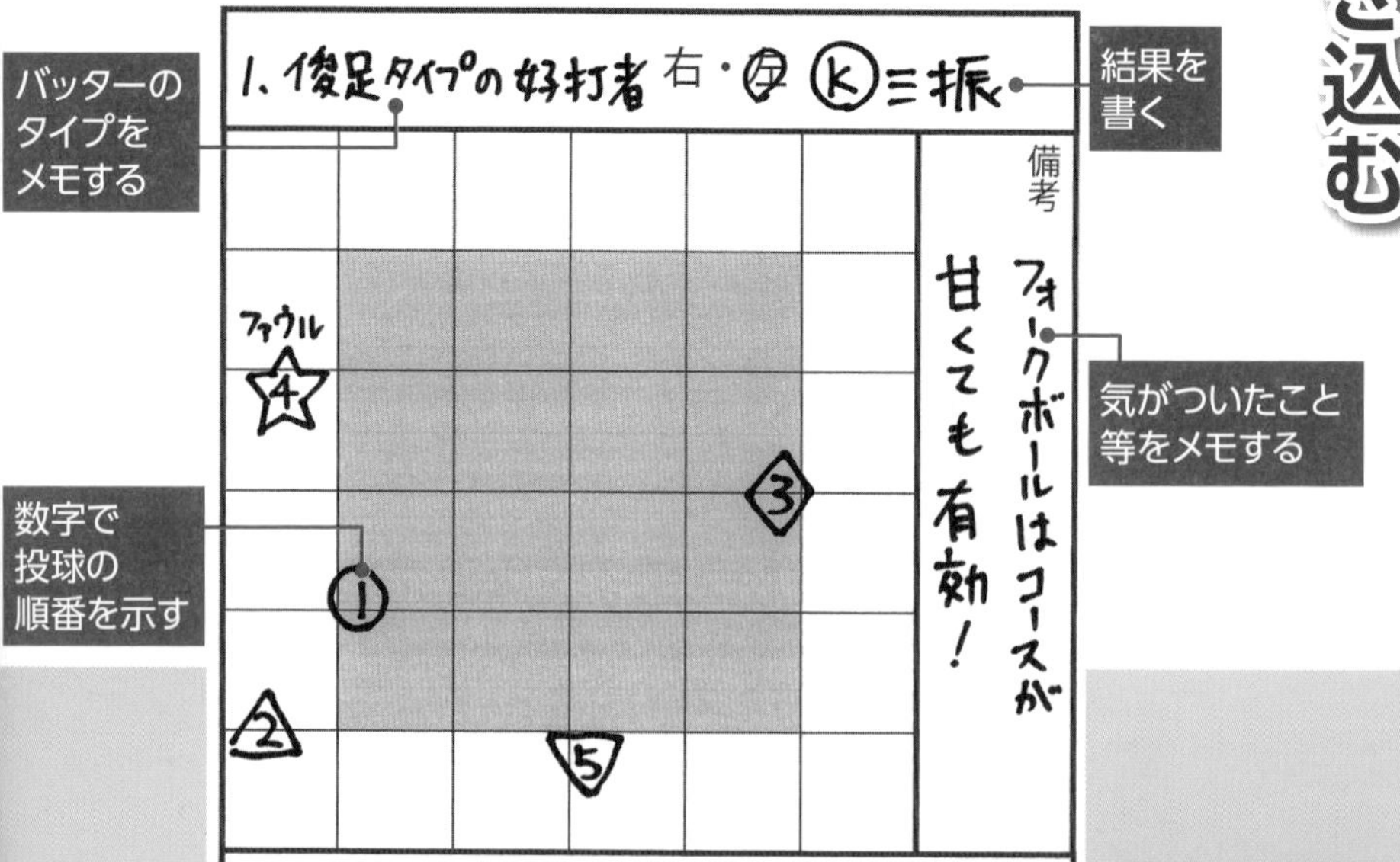

バッターのタイプをメモする
1. 後足タイプの好打者 右・
Ⓚ三振
結果を書く
備考
フォークボールはコースが甘くても有効!
気がついたこと等をメモする
ファウル
数字で投球の順番を示す
ストレート
カーブ
スライダー
シュート
フォーク
チェンジアップ
自分の持っている球種ごとに分類する

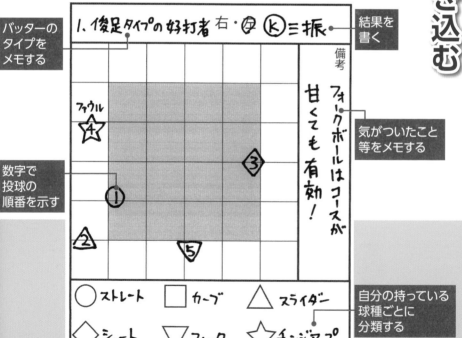

PART 7
バッターを抑える投球術を身につける

アウトローが基本

外角低めに投げてカウントを稼ぐ

TECHNIQUE POINT!

1. 外角低めは打ちづらい
2. ストライクをとりやすい
3. アウトロー中心に配球

打ちづらいボールを基本に投球する

バッターにとって打ちづらいボールが、アウトコース低めに投げるストレートだ。これを「アウトロー」といい、配球の基本となる。**バッターの目から最も離れたコースは長打を打たれにくく、手も出しにくいボールだ。**そのため、アウトローはカウントを稼ぐ上で効果的でありつつ、決め球にもなるボールのひとつ。

そのため、アウトローは全てのピッチャーがマスターするべき基本のボールとなる。どんな場面でもきっちり投げられる技術があれば、安定感のあるピッチングで試合を投げ切ることができる。

TECH 1 アウトローは打ち損じやすく飛びづらい

アウトローは打者の目から対角のコースであるため打ちづらい。芯でとらえるには高いバッティング技術が求められる。引っ張って打つと内野ゴロになり、逆方向に流すことができても長打にはなりにくいリスクの低いボールだ。

TECH 2 カウント稼ぎはもちろん勝負の場面でも有効

早いカウントで打ちづらいアウトローは、バッターからすれば見逃すのがセオリー。そのため、正確にコントロールできる技術があれば容易にストライクをとることができる。カウントが進んだ場面でも有効で、変化球の裏をつくアウトローのストレートならバッターは手を出せないだろう。

TECH 3 アウトローを基本に幅のある配球を目指す

アウトローといえど、何球も連続で投げたらバッターは踏み込んでくる。内角のストレートや変化球を織り交ぜて、投球に幅を作ることが大切だ。これによりバッターは的を絞れなくなる。アウトローを基本に、さまざまなボールで勝負しよう。

+1《プラスワン》テクニック インハイを見せてアウトローを活かす

内角高めのコースに投げるストレートを「インハイ」という。このインハイを見せてからアウトローを投げると効果的。バッターは顔の近くに来るボールのイメージが残っているため踏み込みにくく、通常よりも遠く感じるのだ。

ストライク先行

有利なカウントに持ち込む

TECHNIQUE POINT！

1. 初球はストライクをとる
2. ファウルでカウントを稼ぐ
3. 不利な場面では決め球を投げる

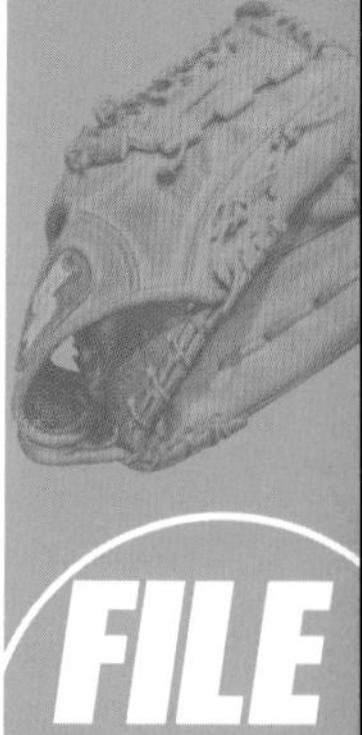

FILE 57

2ストライクに追い込み バッターの打率を下げる

三割を打つバッターでも、2ストライクに追い込まれると焦りやプレッシャーによって打率が一割以下になるといわれている。つまり、**どんなに優れたバッターが相手でも追い込んでしまえば高確率でアウトにすることができるのだ**。そのためには、ストライク先行のピッチングが必要不可欠。素早くストライクを積みあげることが、勝負を有利に進めるセオリーだ。

しかし、ストライクを先行させる上で重要なファーストストライクはヒットを打たれやすい。相手が強打者であるほど警戒してしまうが、ボール球を投げると以降のカウントが不利になる。ストライク先行のセオリーに則って、打たれづらいアウトローのコースに投げ込もう。

TECH 1

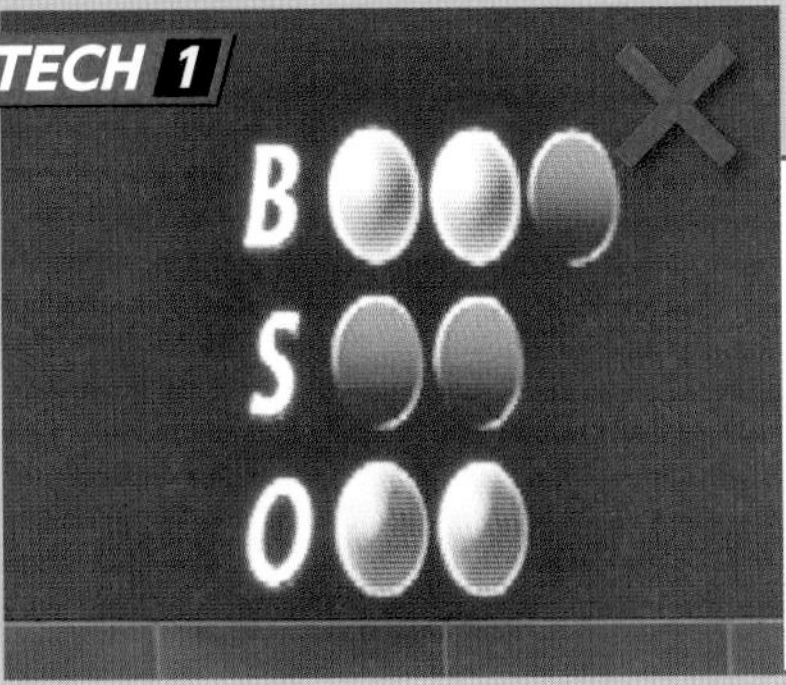

初球はストライクがピッチングのセオリー

ファーストストライクはバッターからすると、ヒットになる確率が高いカウント。アウトローにしっかりコントロールして、ストライクをとることが大切だ。ボール先行はカウントを悪くし、安易にボールを置きにいくと、痛打をくらうので注意が必要だ。

TECH 2

ファウルを利用してカウントを稼ぐ

空振りや見逃しを狙う全力投球は、体力の消耗が激しい。先発の場合はすぐにスタミナが切れてしまうので、ファウルを狙ってカウントを稼ごう。意図的に打たせることができるようになると、カウントを整える上で強い武器になる。

TECH 3

バッティングカウントでは決め球を投げる

ボールが先行しているカウントは、バッティングカウントという。バッター有利な状況で、ピッチャーは安易にストライクを取りに行ってしまいがちなので注意が必要。あえて決め球を投げるぐらいの意識で、アウトローにストレートやバッターの裏をかく変化球を投じよう。

プラスワン +1 テクニック

初球にボールを投げるべき場面

バッターが球種を絞っており、その狙い球がわからない場面では、初球にあえてボールを投げることも必要。投球に対するバッターの動きを観察することで、狙い球を把握する。特にピンチの場面ではより慎重な入りが求められる。

タイミングを外すピッチングをする

TECHNIQUE POINT!

1 遅速のボールを織り交ぜる
2 遅い変化球をマスターする
3 素早いフォームで翻弄する

スピードに変化をつけて バッターの裏をかく

先発で長いイニングを投げると、配球の傾向をつかまれたり、決め球にタイミングを合わされる危険が増える。しかし、変化球を巧みに使うことで、バッターにフルスイングさせない方法はいくつもある。

１４０㎞／ｈのストレートは強い武器だが、続けて投げればタイミングをつかまれて簡単に打たれてしまう。しかし、１１０㎞／ｈのスローボールを見せた後ならバッターは30㎞／ｈの時差を感じるだろう。当然、長打は難しく凡打に切ってとれる。タイミングを外す技術が身につけば、**コースの幅に加えて時間を操作する立体的なピッチングで、バッターと勝負できるようになるのだ。**

TECH 1

遅い球を利用してタイミングを外す

スピードのあるストレートでも、何度も見れば目が慣れるもの。しかし遅い球を織り交ぜることで、タイミングを外すことができる。一球遅いボールを挟むだけで、同じストレートが速く感じられ、反応できなくなるのだ。30km/h 以上の差があると有効だ。

TECH 2

遅い球に変化があると有効

ただ遅いだけではなく、沈んだり曲がったりといった変化がボールにあると、さらに強い武器になる。スローカーブやチェンジアップといった遅い変化球を、必ず一種類は身につけよう。その際、ストレートと同じフォームで投げることが重要だ。

TECH 3

クイックモーションを活用する

クイックモーションをランナーなしの場面で不意に使えば、バッターは構えが遅れることもある。クイックモーションから変化球やストレートを投げ分けることができれば、さらにバッターを翻弄できる。セットポジションをとってからの間を変えてタイミングをズラすのも効果的。

+1《プラスワン》テクニック

バッターを観察し危険を回避する

駆け引きで上回るためには、バッターのグリップを握る長さやステップを踏む位置、スイングの軌道を観察することが大切だ。これにより相手の狙いがわかることもあるため、危険を回避できる。また、得手不得手まで見極めることができれば、圧倒的に有利な立場で勝負できる。

バッターの錯覚を利用する

FILE 59

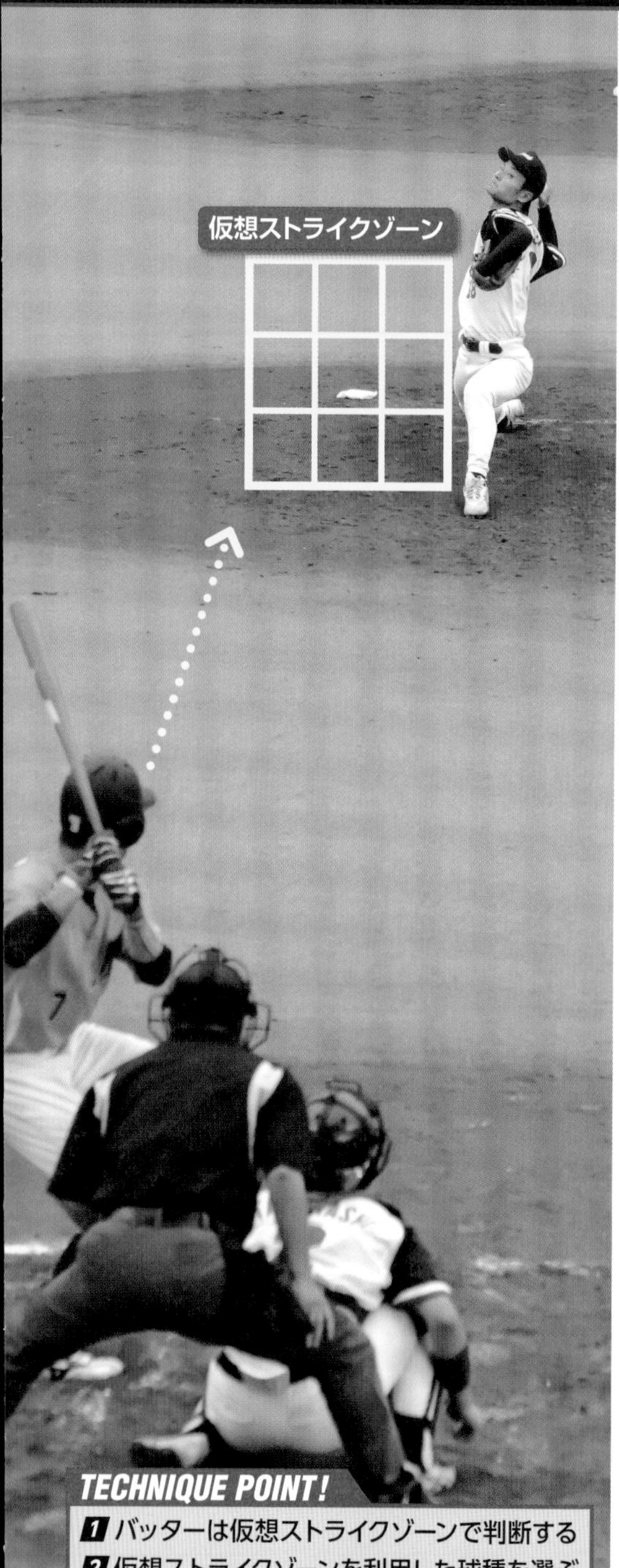

バッターの予測する軌道から変化させる

ピッチャーがボールをリリースし、ホームベース上に到達するのはコンマ何秒の世界である。バッターが打つか、打たないかの判断は実際のホームベース上のストライクゾーンよりずっと前にある「仮想ストライクゾーン」で決まるといわれている。

ピッチャーはこの仮想ストライクゾーンを上手に使うことで、バッターの錯覚や感覚のズレを導き、凡打や空振りにとることができるのだ。

例えばフォークボールで空振りを取りたい場合は、**ストレートがストライクゾーン低めギリギリで決まる軌道から落とすことが有効。バッターにすれば、ストレートに合わせたスイングをするので「ボールが消えた」感覚に陥るだろう。**ストライクゾーンからストライクゾーンへの変化なら、バットをボールに当てるぐらいの対応はできてしまう。

TECHNIQUE POINT！

1. バッターは仮想ストライクゾーンで判断する
2. 仮想ストライクゾーンを利用した球種を選ぶ
3. 仮想ストライクゾーンの感覚的なズレをつく

TECH 1

バッターは仮想ストライクゾーンで判断する

　バッターがボールを「打つ！」と決めるタイミングは、決してベース上ではない。リリース直後の仮想ストライクゾーンで判断し、バットスイングを始動。ベース上でインパクトを合わせるようにスイングしている。この習性を利用した配球がポイント。

TECH 2

仮想ストライクゾーンを利用した球種を選ぶ

　バッターの仮想ストライクゾーンを利用した変化球を投げれば、バッターはボール球でもスイングしてしまう。逆に仮想ストライクゾーンでは「ボール」と判断してもストライクゾーンまで曲がってくるカーブなどの変化球には全く手が出ないこともある。

TECH 3

仮想ストライクゾーンの感覚的なズレをつく

　球速とキレのあるボールを投げるピッチャーが打たれない理由は、高めの釣り球や低めギリギリのストライクに威力があるからだ。バッターにとって経験の少ないスピードやキレにより、高めはストライク、低めはボールという間違った仮想ストライクゾーンの判断となってしまう。

+1《プラスワン》 テクニック

ボールの出どころが見えにくいと仮想ストライクゾーンに誤差が生じる

バッターがピッチャーの投球動作に対して軸足の曲がり具合、トップ時のボールの位置、リリースの瞬間など、あらゆるポイントでタイミングをはかりスイングしている。ボールの出どころが見えにくいといわれるフォームは、仮想ストライクゾーンでの誤差が生じやすく打ちにくいピッチャーだ。

成功事例を積み重ねてメンタル強化

FILE 60

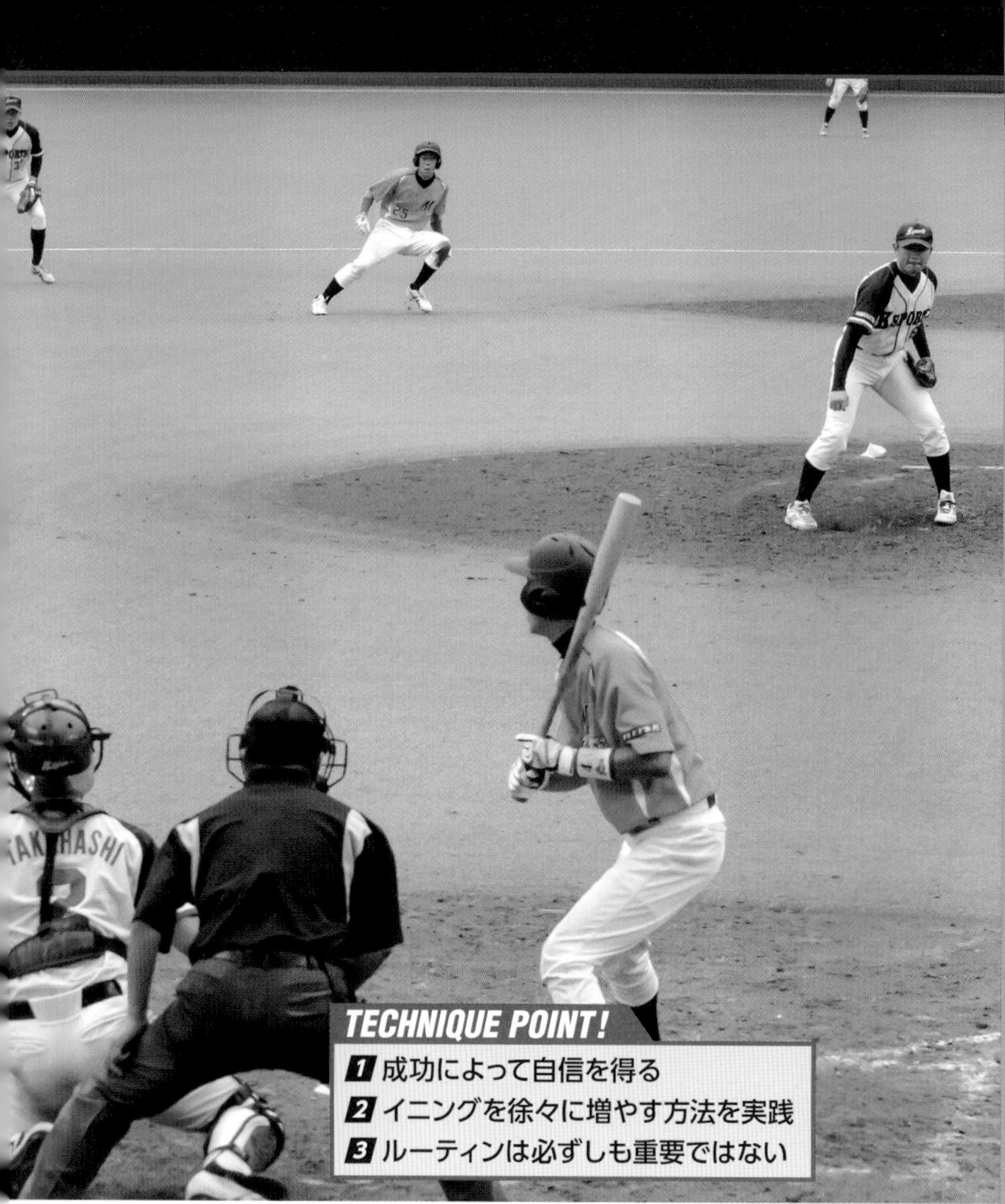

TECHNIQUE POINT!

1. 成功によって自信を得る
2. イニングを徐々に増やす方法を実践
3. ルーティンは必ずしも重要ではない

自信を身につけて精神の負荷に打ち勝つ

試合では、ピッチャーがストライクを入れられずフォアボールでランナーを出してしまう場面がしばしば見られる。この原因のひとつに、メンタルに負荷がかかりプレーの精度が著しく低下していることがあげられる。緊張や苦手意識などによって、本来のパフォーマンスが発揮できなくなっている。そうならないためには、メンタルの強化が必須。

有効なのは、成功事例を積み重ねる方法だ。いきなり先発で長いイニングを投げて結果を出すのは難しいので、まずはバッターを一人抑えるところから始め、2人抑えられたら次は1イニング、抑えられたら次は2イニング…と徐々に増やしていく。**小さな成功は必ず自信につながるので、コツコツ積み重ねることでメンタルが強くなる。**

TECH 1

成功事例を積み重ねてメンタルを強くする

成功をおさめる体験は、「自分はできるんだ！」という自信になる。メンタルの負荷はほとんどの場合、ピンチのプレッシャーや苦手意識など不安感からくるものなので、自信を持ってプレーできるようになれば払拭され、メンタルが乱れることがなくなる。

TECH 2

イニングを増やす方法は着実に自信をつけられる

1イニングずつ抑える回数を増やす方法は、仮に5回で打たれてしまったとしても、「4回までは抑えられた」という成功事例になる。そのため、失敗しても自信を失うことがなく、着実にメンタルを強くしていける。段階的に成功事例を増やしていこう。

TECH 3

ルーティンは無理につくらない

イチロー選手の打席に入ってから腕を回す一連の動作が、メンタルを一定にするルーティンとして注目を集めた。しかしルーティンが逆にしがらみやプレッシャーになる場合もあるので、無理にする必要はない。必要を感じる選手だけ自分なりの動作を設定しよう。

+1《プラスワン》テクニック 試合を想定した練習に取り組む

漫然と取り組む練習は、目的が曖昧であるために試合でのパフォーマンス向上につながらない。重要なのは、試合を想定して練習に取り組むことだ。ピッチング練習では常にバッターをイメージして投球しよう。それだけで、上達のスピードが速まる。

コラム

正村流メンタル術

試合で本来の力が発揮できないのは、本番に弱いメンタルではなく「練習不足」が大きな要因だ。プロ野球選手などトップアスリートはメンタルトレーニングでメンタル面をサポートすることがあるが、アマチュア選手においてはそれよりも、がむしゃらにトレーニングをすることが大切。こなした練習量はそのまま自信につながり、積み重ねることでより強固なメンタルが手に入る。「あれだけ練習をしたんだ、負ける訳がない！」という自負があれば、気持ちが揺らいで突然ストライクが入らなくなるようなことはないだろう。

また、練習の質にも目を向けるべき。１番大事なのは、試合のための練習をすること。投げることや走ること、トレーニングすることや遊ぶことも全力で行う。この取り組み方が身につけば、本番でも練習に近い精神状態で投げられるようになる。その上でバッターに打たれたり、コントロールが乱れて四球を出したり、甘く入って痛打を浴びるようなことは勝負において仕方のないこと。次の登板に向けて、反省点として活かして取り組めば良い。

PART 8
本番で力を発揮できるコンディショニング

PART 8

ブルペンでの確認・調子の見極め

コンディションをブルペンでチェックする

FILE 61

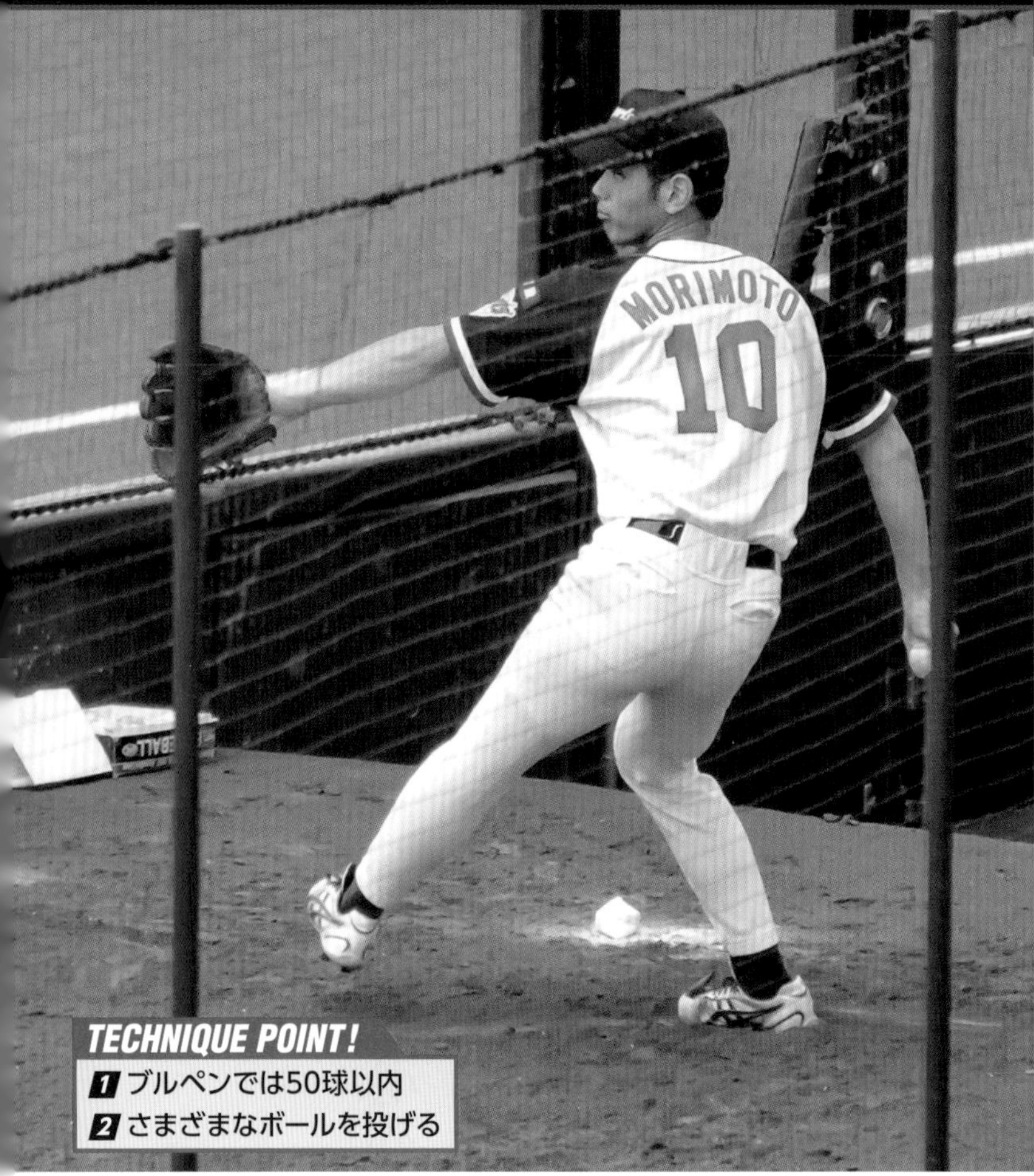

TECHNIQUE POINT!

1 ブルペンでは50球以内
2 さまざまなボールを投げる

少ない球数で多くの球種を確認

試合日、先発投手は投球に向けて調整をする。まずウォーミングアップは、チームメイトと同じようにジョギングやキャッチボールなどを行う。このとき、ストレッチに時間をかけると有効だ。筋肉を伸ばす動作にはメンタルを落ち着かせる効果があるため、リラックスして試合に入れる。

体が温まったところで、ブルペンに入り本格的な投球を行う。ブルペンでは、投げすぎないように注意しよう。球数は多くても50球におさめる。

この投球では、その日の自分のコンディションを確認する。**投げる球種によって好不調があるので、さまざまなコース、全ての変化球を投げてそれぞれの状態を見る。**早めに確認できれば、少ない球数で終わらせてもＯＫだ。

マウンドへのアジャスト

踏み込み足の穴の着地点を確認する

FILE 62

TECHNIQUE POINT!

1. 投球練習でマウンドチェック
2. 踏み込み足の穴に注意する
3. 傾斜や土質も確認する

マウンドに違和感なく投げられるようにするための準備

ピッチャーにとってマウンドは、ピッチングを左右する重要な要素だ。投球練習時に、自分の投球フォームを違和感なく動作できるか確認をすることが大切。特に注意すべきなのが、マウンドの穴だ。ピッチャーの多くは、投げやすいように自分の足を踏み込む位置を掘ったりしている。**その穴は選手によって位置が異なるので、自分の投げやすい位置にならしたり、掘り直す必要がある。**試合途中から登板するリリーフや抑えはもちろん、先発であっても裏の守備の場合、相手ピッチャーによって掘られていることがあるので確認しよう。

また、マウンドの傾斜や土の硬さもチェックする。球場によって異なるので、投球練習の中でアジャストしていく。

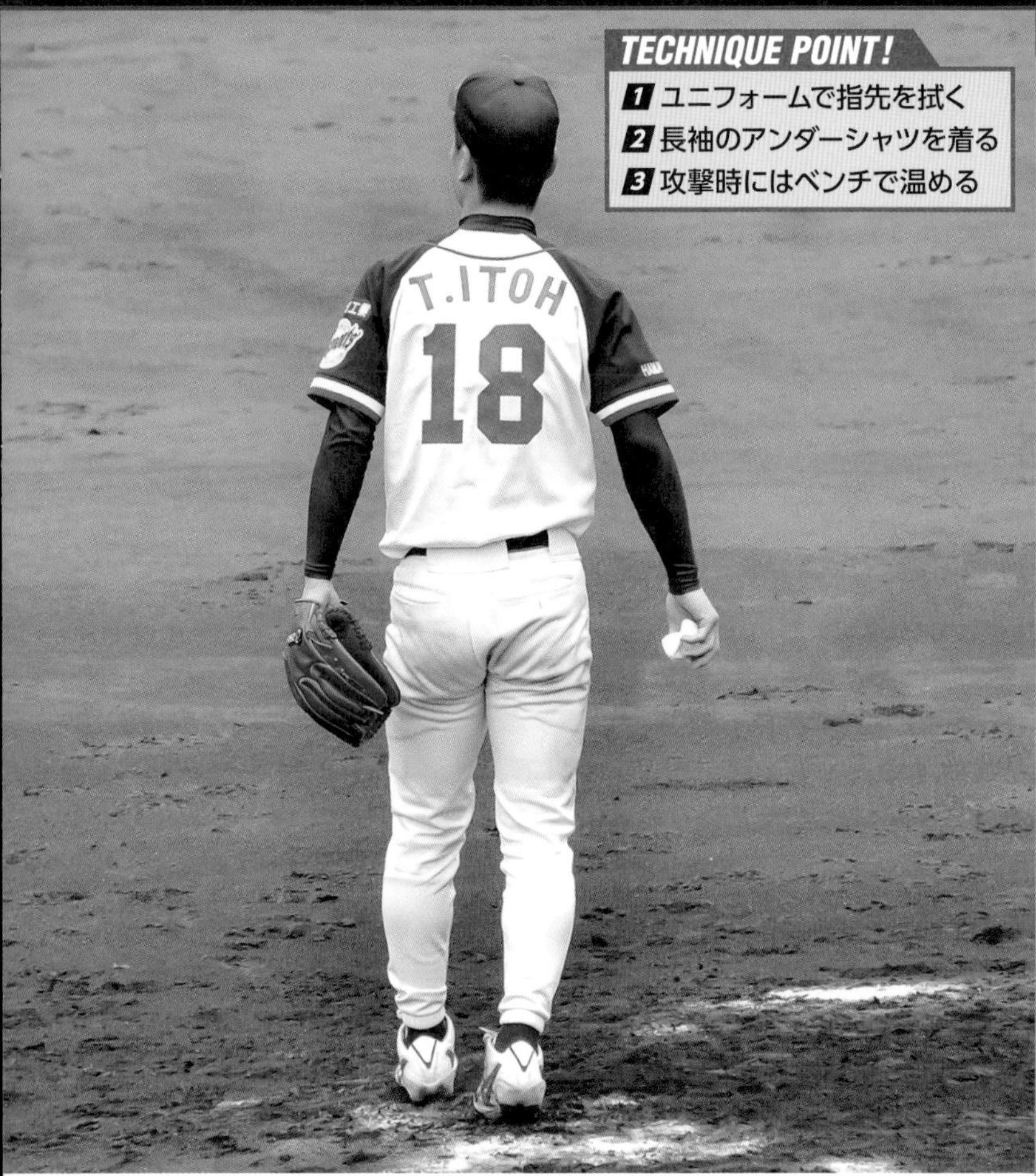

TECHNIQUE POINT!

1. ユニフォームで指先を拭く
2. 長袖のアンダーシャツを着る
3. 攻撃時にはベンチで温める

雨天時の対策

雨の試合では手先をマメに乾かす

ボールが滑らないように 指先を乾燥状態に保つ

雨天の試合では、天候に合わせてプレーする必要がある。**まず第一に考えるのが、指先だ。指先が濡れているとリリースで滑ってボールがすっぽ抜けたり、コントロールがズレて甘い球になってしま**う。打たれる危険が増加するので、ユニフォームの比較的雨にさらされない内股などの部位でマメに拭き、乾燥を保とう。なおロジンバッグを活用するのも手だ。ボールも同様に拭き、普段より多めに交換を審判に要求しよう。加えて、長袖のアンダーシャツを着用する。腕につく水滴を吸収できるので、手まで滴ってくるのを防げる。

指先の冷えにも注意を払う必要がある。冷えると投球が乱れるので、攻撃時にはベンチで、カイロなどを用いて温めよう。

FILE 63

イニング間のコンディショニング

体を冷やさないようにチェンジを待つ

FILE 64

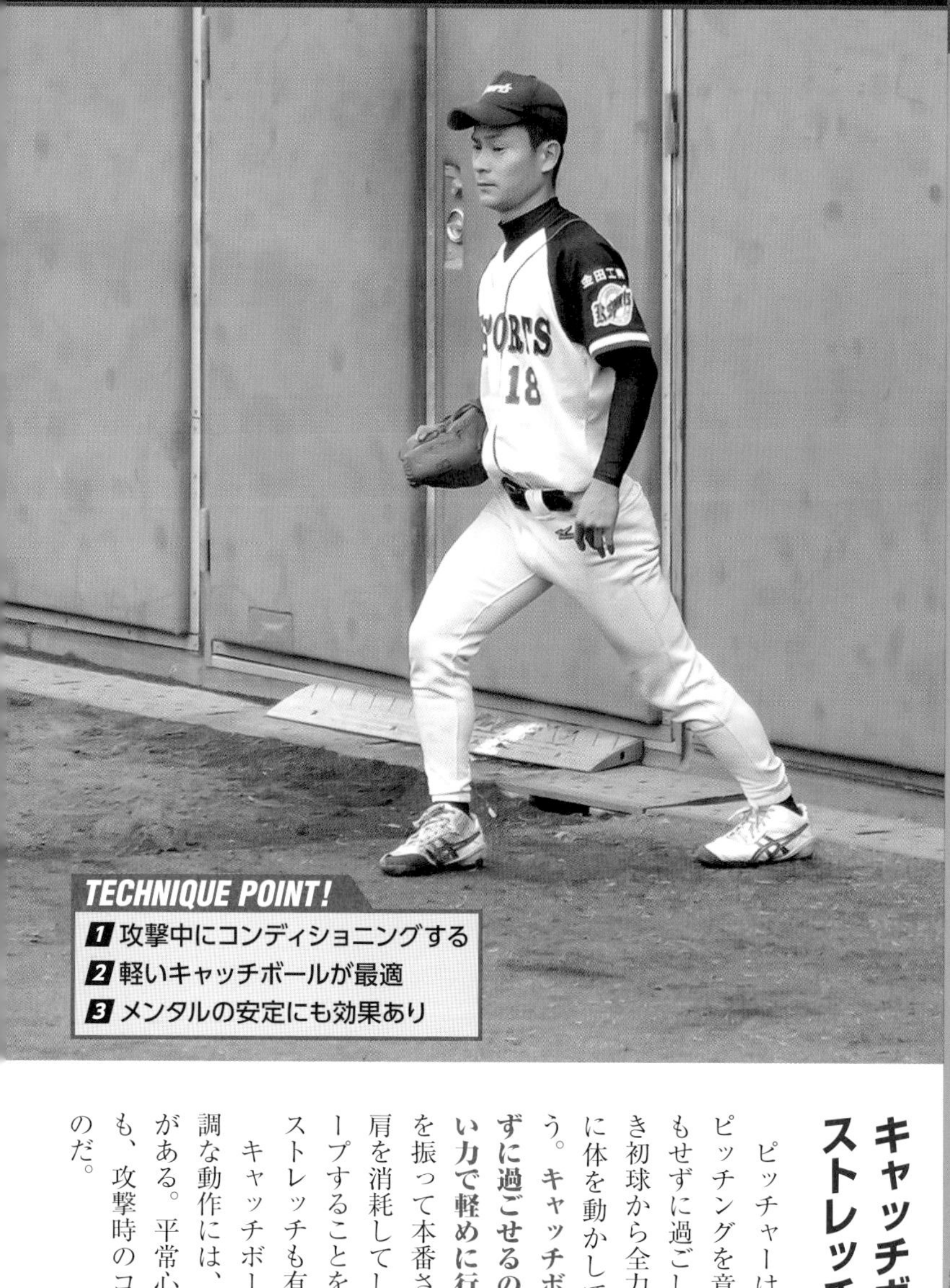

TECHNIQUE POINT!

1. 攻撃中にコンディショニングする
2. 軽いキャッチボールが最適
3. メンタルの安定にも効果あり

キャッチボールやストレッチで調整する

ピッチャーは味方の攻撃中も、次の回のピッチングを意識しなければならない。何もせずに過ごしていると、守備に回ったとき初球から全力で投げられないので、適度に体を動かしてコンディションを整えよう。**キャッチボールを行うと、肩を冷やさずに過ごせるので効果的だ。このとき、弱い力で軽めに行うことが大切。**思い切り腕を振って本番さながらに投げると、貴重な肩を消耗してしまうので、動ける状態をキープすることを目的にして取り組む。また、ストレッチも有効な方法のひとつだ。

　キャッチボールやストレッチといった短調な動作には、メンタルを安定させる効果がある。平常心でマウンドにあがるためにも、攻撃時のコンディショニングは重要なのだ。

マスターした変化球をバッターに試す

TECHNIQUE POINT!

1. 目的を持って投げる
2. 打球を投球で操作
3. 自分のリズムを保つ

一球一球に目的を持ち実戦に活かす

アマチュアでは試合で投げるピッチャーもバッティングピッチャーを担う。打撃練習はバッターがメインの練習ではあるが、ピッチャーにとっても貴重な実戦機会となるので意識して取り組むことでレベルアップできる。

特にマスターした変化球に対して、バッターがどのような反応をするのか見極める絶好の機会だ。試合でも使えるのか、さらに練習が必要なのか判断しよう。

また目的を持って投球することも大切。「空振りをとる」「ゴロを打たせる」「詰まらせる」など打球方向をコントロールする。狙い通りに行けば試合で投げる上で有益なデータになる。

フォームにも注意しよう。バッターの欲しいタイミングで投げ急いだりすると、フォームが崩れて投球の精度が落ちてしまうこともある。自分のリズムをキープして、一球一球を丁寧に投げる。

リリーフピッチャーのブルペンでの準備

試合展開を見ながら肩を作る

FILE 66

TECHNIQUE POINT!

1. ブルペンで登板の準備をする
2. 試合を見てバッターを観察
3. 出番が近づいたら本格的な投球

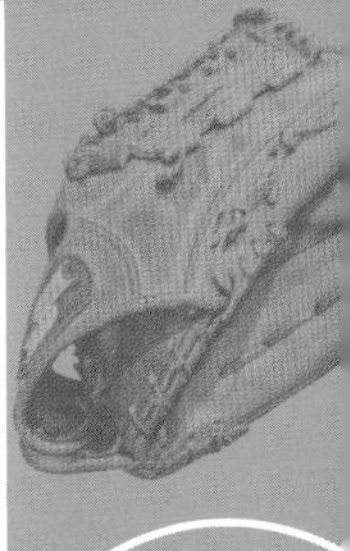

いつでも投げられるように投球練習をする

リリーフピッチャーは、事前に登板するイニングを告げられている場合を除き、試合展開によってマウンドにあがるタイミングが決まる。そのため、いつでも投げられるようにブルペンで肩を作っておくことが基本。**また、マウンドにあがった際に勝負を有利に運べるように、試合を見てバッターの特徴やスイングの軌道を観察することも大切だ。**このとき、自分ならどのように投げるかをイメージしておくと、急な登板でもスムーズに試合に入ることができる。

登板中のピッチャーがピンチになったり、監督やコーチに呼ばれて出番が近づいてきたら、投球練習のギアをあげる。本格的なピッチングをして、すぐに試合で投げられるように準備を整えておこう。

充分にケアをした上で無理に登板しない

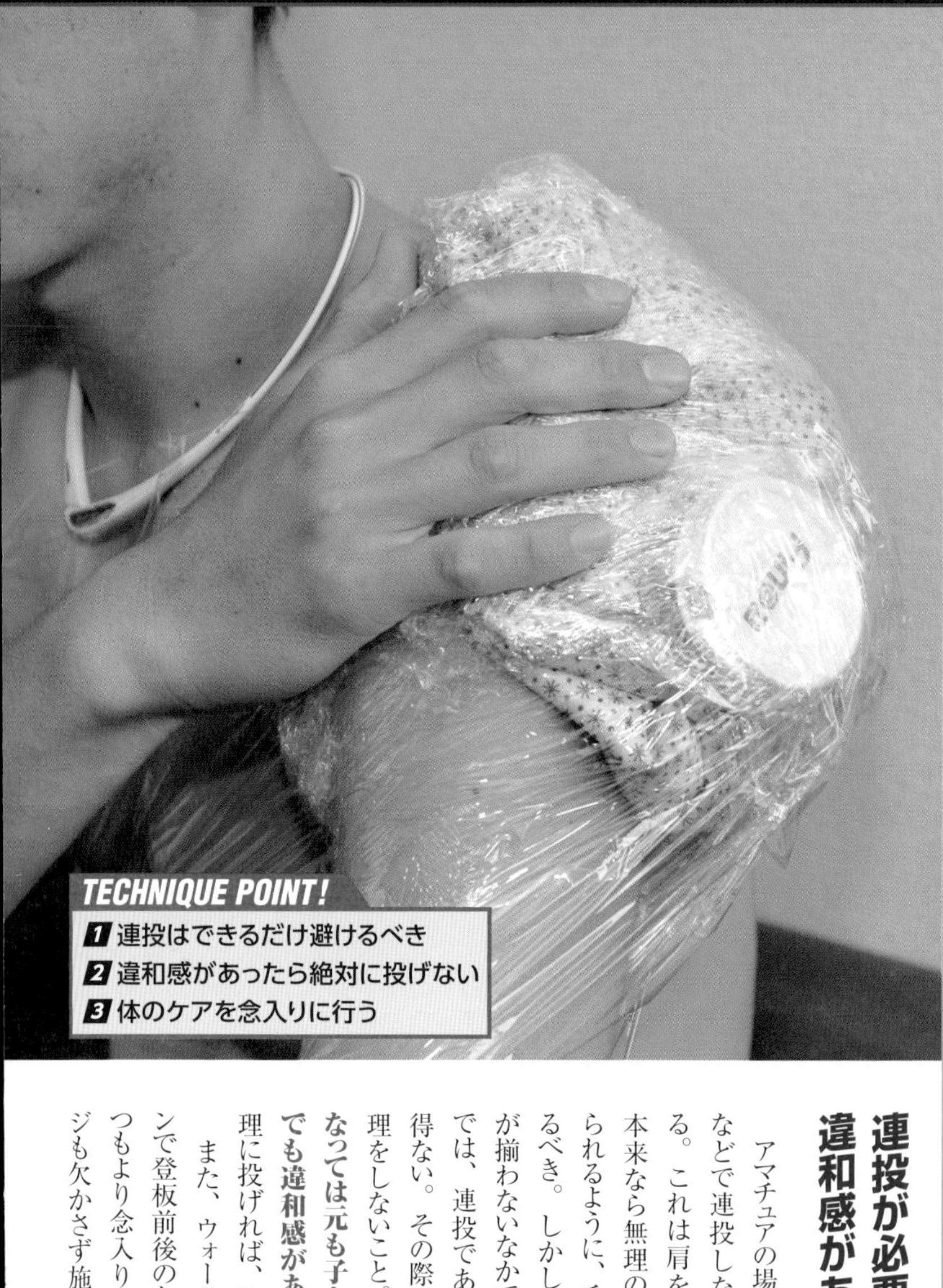

TECHNIQUE POINT!

1. 連投はできるだけ避けるべき
2. 違和感があったら絶対に投げない
3. 体のケアを念入りに行う

連投が必要であっても違和感があったら投げない

アマチュアの場合、リーグ戦やトーナメントなどで連投しなければならないケースがある。これは肩を酷使する行為であるため、本来なら無理のない球数と登板間隔で投げられるように、チームマネージメントして避けるべき。しかし、なかなかピッチャーの頭数が揃わないなかで、どうしても勝ちたい試合では、連投であってもエースが登板せざるを得ない。その際に徹底するべきは、決して無理をしないこと。**ケガを負ってプレー不能になっては元も子もないので、肩やヒジに少しでも違和感があったら休む。**責任感から無理に投げれば、壊れてしまう危険性がある。

また、ウォーミングアップとクーリングダウンで登板前後のケアをすることも大切だ。いつもより念入りに行い、アイシングやマッサージも欠かさず施そう。

練習スケジュールの組み方

大事な試合にピークを持っていく

FILE 68

TECHNIQUE POINT!

1 一年間のスケジュールを立てる
2 シーズンにコンディションをトップに
3 オフシーズンは体作りの期間とする

シーズンに向けての準備をする

野球はオンシーズンとオフシーズンがはっきりとしているスポーツなので、**年間の練習スケジュールを組むことが大切だ**。一年の始まりは、ピークとなるシーズンに向けての準備期間。オフシーズンには、実戦経験を活かしてフォーム作りや変化球の習得に取り組もう。そしてシーズン前には、強化練習などを行ってコンディションをトップに持っていく。ハードな練習に取り組むことで、自信にもつながる。しかし、オーバーワークによるケガには注意。

シーズン終了後は新チームへ移行する時期なので、チーム作りと並行してシーズン中の反省を踏まえ弱点克服の練習に励む。寒い時期はボールを握りづらくなるが、ある程度の投球も必要。しかし無理はせず、投げない時間を走り込みやトレーニングなど体作りにあてる。

肩の酷使によって関節を痛める

TECHNIQUE POINT!

1 ピッチャーは肩関節のケガが多い
2 重症だと完治に数ヶ月かかる
3 肩に負担のないフォームをマスター

正しいフォームで投げ野球肩を予防する

肩はピッチャーがケガをしやすい部位だ。「野球肩」といわれる関節に痛みを伴う外傷が多く、その原因はオーバーユース（使いすぎ）が大半を占める。軽症であれば一ヶ月程度、投球せずにいれば痛みはなくなりボールを投げられるようになる。しかし徐々に摩耗していくことから自覚症状が薄く、そのために重症に発展する場合があるので注意。症状が重くなると完治まで三ヶ月以上を要するので、軽症のうちに整形外科や接骨院を受診するべきだ。

予防法としては、正しいフォームをしっかり身につけ肩への負担を最小限に抑えることがベスト。また、肩周辺のインナーマッスルを鍛えることも有効だ。筋肉が関節をサポートしてくれる。

FILE 69

ヒジのケガ

フォームの誤りでヒジの内側を痛める

FILE 70

TECHNIQUE POINT!

1. 手首の使い方が悪いとケガする
2. 無理して投げると症状が重くなる
3. すぐに病院に行くのが完治の早道

ヒジが曲げづらくなったら すぐに野球ヒジを疑う

肩と同様にケガをしやすいのがヒジだ。無防備な関節部分は投球フォームの負担にさらされやすく、フォームが悪いと故障してしまう。特に手首を曲げすぎているフォームで起きやすい。このケガは「野球ヒジ」といわれ、ヒジの内側が痛んだり曲げ伸ばしが完全にできなくなったら要注意。ヒジの関節、または内側にある靭帯が損傷している危険がある。投球しようと思えばできるほどの症状で、バッティングに関しては問題なく行える。しかし、だからといって**無理してプレーし続けると症状が重くなり、酷くなると選手生命に関わる**。

整形外科や接骨院を受診する方法が最良の治療法だ。その際、テーピングでの補強やストレッチが治療の助けになる。

ふらくはぎ・ワキ腹のケガ

酷使や疲労による筋肉系のケガに注意する

FILE 71

TECHNIQUE POINT!

1. 投球を繰り返すとワキ腹を痛める
2. 体幹とインナーを鍛える
3. つらないように水分補給を意識する

腹斜筋と腓腹筋を痛めないように気をつける

ピッチングフォームの体を回旋する動作を繰り返し行うと、腹斜筋などワキ腹周りの筋肉が炎症を起こし痛む。入念なストレッチで予防しよう。さらに、**体幹とインナーマッスルを鍛えるのがベストだ。動きがスムーズになり、筋肉にかかる負荷が減少する。**

またピッチャーは、こむら返りにも注意しなければいけない。これはふくらはぎにある腓腹筋という筋肉が痛みとともに痙攣を起こす、いわゆる「つる」状態のこと。疲労や脱水症状、急激な体温上昇が原因であるため、体力消耗の激しいポジションであるピッチャーはつりやすいのだ。防ぐためには、適度な水分補給が有効。攻撃時には、水を飲むように意識しよう。

マメとツメのケア

指先を手入れする

FILE 72

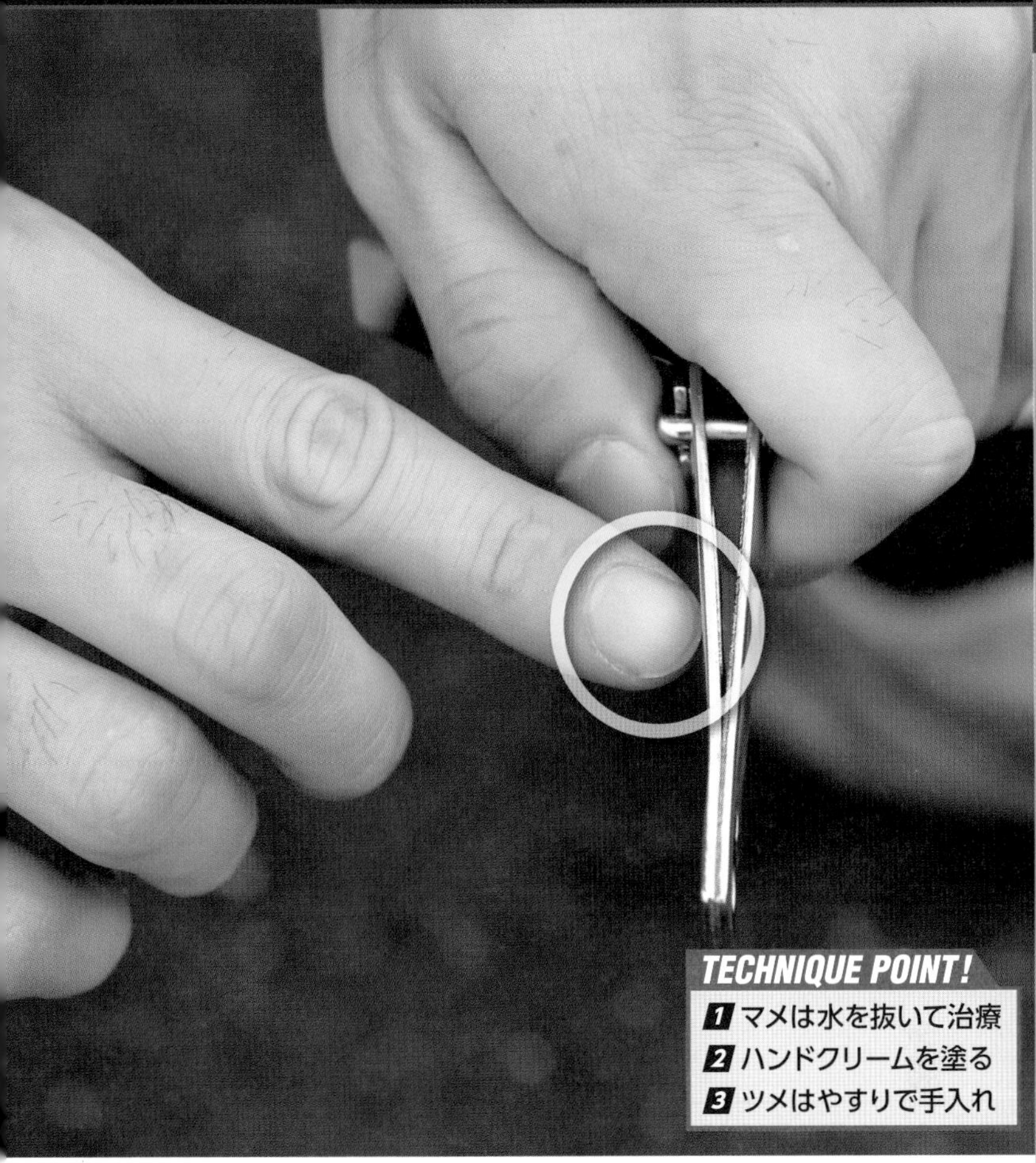

TECHNIQUE POINT!

1 マメは水を抜いて治療
2 ハンドクリームを塗る
3 ツメはやすりで手入れ

素早くマメを治療し ツメはやすりで削る

投球において指先は、ボールの握りやリリースなど重要な役割を担うので、ケアに取り組もう。第一に気にかけるべきなのがマメだ。皮膚のこすれによってできる水ぶくれのことで、痛みがあるため投球しづらくなる。治療は針などで水を抜くと、治りが早くなる。なお、風呂あがりにハンドクリームを塗る習慣をつけると予防できる。

加えて、ツメの手入れも行う。**ツメが長すぎると割れる危険があり、短すぎると力が入れづらくなるので、指先よりやや短い長さで揃えるのがベター**。細かな調整が必要になるため、ツメやすりを使って手入れしよう。これには、割れる危険を減らす効果もある。削る際は、往復させず常に同方向にやすることがポイントだ。

配球メモ付ピッチングシート

※このページをコピーして使おう！

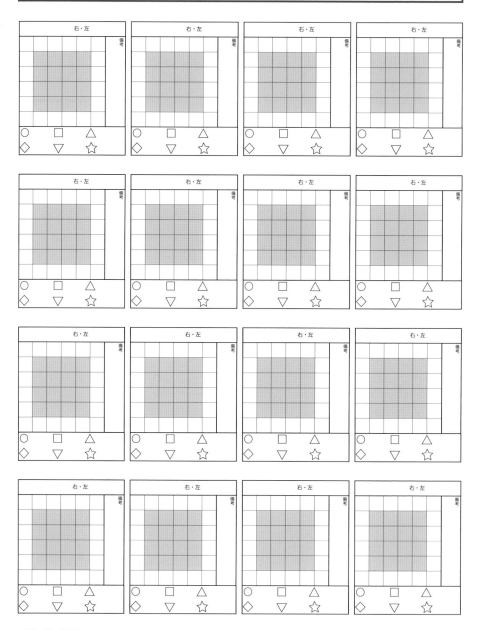

右・左
備考
○ □ △
◇ ▽ ☆

右・左
備考
○ □ △
◇ ▽ ☆

右・左
備考
○ □ △
◇ ▽ ☆

右・左
備考
○ □ △
◇ ▽ ☆

右・左
備考
○ □ △
◇ ▽ ☆

右・左
備考
○ □ △
◇ ▽ ☆

右・左
備考
○ □ △
◇ ▽ ☆

右・左
備考
○ □ △
◇ ▽ ☆

右・左
備考
○ □ △
◇ ▽ ☆

右・左
備考
○ □ △
◇ ▽ ☆

右・左
備考
○ □ △
◇ ▽ ☆

右・左
備考
○ □ △
◇ ▽ ☆

右・左
備考
○ □ △
◇ ▽ ☆

右・左
備考
○ □ △
◇ ▽ ☆

右・左
備考
○ □ △
◇ ▽ ☆

右・左
備考
○ □ △
◇ ▽ ☆

※記号の横に球種名を書く。
網掛け部分はストライクゾーンを示す。

ウィークリー練習ノート

※このページをコピーして使おう！

	ピッチング	筋力トレーニング	ストレッチ (アイシング　有・無)	ランニング
/　(月)				
/　(火)				
/　(水)				
/　(木)				
/　(金)				
/　(土)				
/　(日)				
備考：				

「ウィークリー練習ノート記入例」

	ピッチング	筋力トレーニング	ストレッチ (アイシング　有・無)	ランニング
○/×(月)	100球 (ストレート60 変化球40)	体幹トレーニング メニュー 5セット	ウォーミングアップ クーリングダウン (アイシング)	5kmジョギング 30分 ダッシュ5本

監修者紹介

正村　公弘

八戸学院大学硬式野球部監督

投手として東海大浦安高校、東海大学を経て、社会人リーグのNTT東京に所属。高校時代の同期にはオリックスで新人王となる酒井勉、社会人では中日ドラゴンズの現監督与田剛とプレー。34歳で現役を引退し、同チームのコーチに就任。2003年4月より八戸大学（現・八戸学院大学）硬式野球部のコーチに就く。「投手は投球フォーム」という信念のもと、選手に寄り添う情熱的指導で多数のプロ野球選手を輩出。2010年12月にコーチから監督に就任、現在に至る。

協力

八戸学院大学硬式野球部

モデル

Ksports baseball club

■使用したトレーニングアイテム

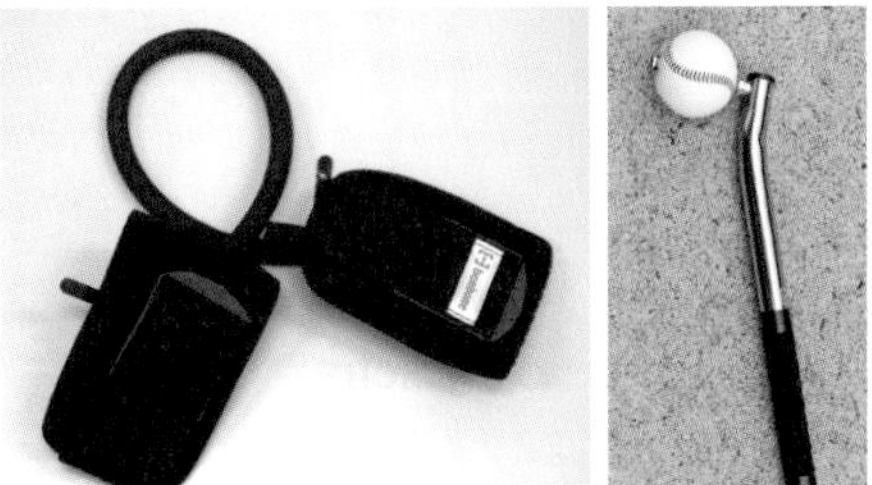

ケイズマート

https://www.rakuten.ne.jp/gold/kz-i/

執筆協力

中村　好志

日本体育大学を卒業後、聖隷学園高等学校野球部のコーチを務め、1995年に渡米しコンディションを学ぶ。1998、2000年にサンディエゴパドレスでトレーニングコーチを務める。2000年にアメリカで「K Sport Icons」を設立し、メジャーリーガーなど数多くのスポーツ選手のコンディショニングサポートを行う。2001年に帰国し、スポーツを科学する会社「ケイ・スポーツ・アイコンス」を設立する。2002年には社会人野球チーム「Ksports baseball club」を創設し、部長を務める。

本書スタッフ
カメラ　柳太
デザイン　居山勝
イラスト　庄司猛
編集　株式会社ギグ

部活で差がつく！　野球ピッチング
基本のテクニック　新版

2021年6月25日　第1版・第1刷発行
2022年3月　5日　第1版・第2刷発行

監修者　正村　公弘　（まさむら　やすひろ）
発行者　株式会社メイツユニバーサルコンテンツ
　　　　代表者　三渡　治
　　　　〒102-0093東京都千代田区平河町一丁目1-8
印　刷　株式会社厚徳社

◎『メイツ出版』は当社の商標です。

ご意見・ご感想はホームページから承っております。
ウェブサイト　https://www.mates-publishing.co.jp/

編集長:折居かおる　副編集長:堀明研斗　企画担当:大羽孝志／折居かおる

※本書は2014年発行の『部活で差がつく！ 野球ピッチング　基本のテクニック』を「新版」として発売するにあたり、内容を確認し一部必要な修正を行ったものです。